Lorenz Nachtigall

24-Stunden-Betreuung zu Hause oder Pflegeheim?

Ein Ratgeber mit Fakten, Tipps, Checklisten und Fallstudien

Verlag: Buchschmiede von Dataform Media GmbH, Wien
www.buchschmiede.at

ISBN Paperback: 978-3-99165-035-5
ISBN E-Book: 978-3-99165-034-8

PRINTED IN AUSTRIA

Inhaltsverzeichnis

Vorwort

Primäre Zielgruppen dieses Buches sind

- ältere Menschen, die aufgrund ihres sich verschlechternden Gesundheitszustands nicht mehr zu einer selbstständigen Haushaltsführung in der Lage sind und nach Unterstützungsmöglichkeiten suchen, und
- Angehörige, welche nicht die notwendige Betreuung zu Hause übernehmen können.

Sie erhalten einen fundierten Überblick über die Funktionen und Leistungen der in Frage kommenden Pflegedienste: Die 24-Stunden-Betreuung durch externe, im Haushalt wohnende Betreuungskräfte aus Osteuropa sowie als Alternative die Betreuung im Pflegeheim. Ausgehend von den Zielen der Pflegebedürftigen, der Angehörigen und weiterer Stakeholder werden die relevanten Merkmale der Beteiligten und die Bestimmungsfaktoren der zu fällenden Entscheidungen beschrieben. Anschließend werden die Kosten dargestellt und es wird mittels Fallstudien eine systematische Methode (Nutzwertanalyse) zur Auswahl der bestgeeigneten Lösungen vorgeschlagen. Die am Ende der beiden Kapitel wiedergegebenen Checklisten für die die 24-Stunden-Betreuung und die Auswahl eines Pflegeheims zeigen wichtige Fragen, die im konkreten Fall zu klären sind.

Nach der Lektüre dieses Buches können Sie

- die Anforderungen an Pflegedienste entsprechend Ihren individuellen Bedürfnissen definieren,
- die Aufgaben, die erforderlichen Kompetenzen sowie die gewünschten persönlichen Eigenschaften von Betreuungs- und Pflegekräften im Detail spezifizieren,
- das Angebot und die Nachfrage nach Pflegediensten sowie die Rechtslage in Deutschland und Österreich beschreiben,
- die im Web verfügbaren Informationsquellen über Pflegedienste nutzen,
- die Akzeptenzprobleme bei der Unterstützung durch Pflegedienste zu Hause und im Heim voraussehen, vermeiden oder bewältigen,
- die Leistungen und die Qualität der für Sie in Frage kommenden Pflegedienste beurteilen,
- die Preise von Pflegediensten vergleichen sowie die staatlichen Fördermöglichkeiten nutzen,
- eine fundierte Entscheidung zwischen der 24-Stunden-Betreuung zu Hause und dem Umzug in ein Pflegeheim treffen,
- die bestgeeignete Vermittlungsagentur für 24-Stunden-Betreuung bzw. das für Sie bestgeeignete Pflegeheim auswählen.

Eine weitere Zielgruppe sind Personen[1], die sich für eine Tätigkeit im Pflegebereich interessieren. Sie erhalten detaillierte In-

---

[1] In dem Buch sind immer weibliche, männliche und nichtbinäre Vertreter aller erwähnten Personengruppen angesprochen. Aus Gründen der Lesbarkeit wird jedoch auf geschlechtergerechte Schreibweisen wie vollständige Paarform, Schrägstrich, Doppelpunkt, Binnen-I oder Klammern verzichtet.

formation über die Berufsbilder, die Ausbildungsmöglichkeiten (inklusive Förderung) und die Gehälter in Deutschland und Österreich.

Die beiden Kapitel über die 24-Stunden-Betreuung zu Hause und die Betreuung im Pflegeheim werden durch zwei spezielle Literaturverzeichnisse abgeschlossen. Die Titel der beiden Verzeichnisse sind insgesamt von 1 bis 122 durchnummeriert. Im Text wird durch in Klammern gesetzte Nummern auf die jeweiligen Quellen hingewiesen.

1

24-Stunden-Betreuung[2]

In Deutschland und in Österreich werden rund 80 Prozent der Pflegebedürftigen durch Angehörige zu Hause versorgt. In Deutschland sind das über vier Millionen Personen, in Österreich zirka 380.000. In 6 – 8 Prozent der Fälle wird dabei eine Unterstützung durch die die sogenannte 24-Stunden-Betreuung in Anspruch genommen.

Die *24-Stunden-Betreuung* erfolgt durch externe, im Haushalt wohnende Betreuungskräfte, die zu Erwerbszwecken die zu betreuenden Personen bei der Haushalts- und Lebensführung unterstützen. In Europa handelt es sich dabei überwiegend um aus Osteuropa stammende Frauen im Alter von 40 – 65 Jahren, wobei sich in einem Haushalt meist zwei Betreuerinnen im Turnus von mehreren Wochen oder Monaten abwechseln.

Die Bezeichnung „24-Stunden-Betreuung“ ist zwar allgemein gebräuchlich, aber wenig treffend, weil die Betreuung keineswegs rund um die Uhr erfolgt. Deshalb wird zunehmend auch hierzulande der englische Begriff *Live-In-Care* verwendet. Die zu leistenden Tätigkeiten, Vergütung, Arbeitszeit, Arbeits-

[2] Vorversionen von Teilen dieses Kapitels wurden vom Autor veröffentlicht im Kapitel 10 seines Buches „Anna, Alzheimer und ich – Bericht eines pflegenden Angehörigen über ein glückliches, erfülltes Leben“, Verlag myMorawa von Dataform Media GmbH, 2. Auflage, Wien 2022, und in der Fachzeitschrift Häusliche Pflege, 06-23, Seiten 24 – 27.

ort und Kündigungsfristen sind im Arbeits- bzw. Werkvertrag festzulegen, wobei der gesetzliche Rahmen von Land zu Land und je nach Vertragstyp variieren kann.

Die Betreuungskräfte sind also *Haushaltshilfen*. Von Ärzten und Gesundheits- bzw. Krankenpflegern auszuführende Tätigkeiten dürfen sie nicht übernehmen, da sie nicht die erforderlichen Qualifikationen aufweisen. In Österreich gibt es jedoch die Ausnahme, dass sie auf schriftliche ärztliche Anordnung (Delegation) und nach Anleitung durch medizinisches Fachpersonal einfache pflegerische Tätigkeiten durchführen können, wie zum Beispiel die Gabe von Arzneimitteln, das Anlegen von Verbänden und Bandagen, die Blutabnahme zur Bestimmung des Blutzuckerspiegels, die Verabreichung von Insulinspritzen oder einfache Wärme- und Lichtanwendungen.

In vielen Fällen geben die Pflegebedürftigen nur widerwillig ihre Zustimmung zur Betreuung durch fremde Personen im Haus, und sie sind auch manchmal nach längerer Zeit nicht glücklich mit dieser Betreuungsform. Andererseits sind die Betreuungspersonen vielfach mit den Arbeitsbedingungen unzufrieden, was sich auf ihre Arbeitsfreude und ihre psychische und physische Gesundheit negativ auswirken kann. Dementsprechend ist die Wechselbereitschaft und Fluktuation im Bereich der Personenbetreuung sehr hoch. Die maximal mögliche Betreuungsdauer in einem Haushalt wird durch die Pensionierung der Betreuungskraft oder den Tod bzw. den dauernden Übertritt der zu betreuenden Person in ein Pflegeheim/Krankenhaus begrenzt. Da es sich größtenteils um ältere, oftmals demente Personen handelt, sind das nur wenige Jahre, manchmal sogar nur wenige Monate. Es passiert aber auch relativ häufig, dass bereits nach einem Turnus – quasi der Probezeit – das Arbeitsverhältnis gekündigt wird.

Repräsentative empirische Studien mit statistischen Angaben über die durchschnittliche Fluktuation der Personenbetreuerinnen bzw. deren Tätigkeitsdauer bis zur Kündigung einer bestimmten Stelle/Familie gibt es weder in Deutschland noch in Österreich.

In Österreich waren bzw. sind durchschnittlich 3,75 Personenbetreuerinnen pro gefördertem Betreuungsfall tätig. In einem Extremfall waren es 51 Betreuungspersonen. (Auskunft vom Sozialversicherungsservice am 17.10.2022. Die Datengrundgesamtheit beinhaltet alle seit Ende 2017 laufenden bzw. bereits abgeschlossen Förderverfahren.)

Bei einer führenden österreichischen Betreuungsagentur (Caritas Rundum Zuhause betreut) beträgt die durchschnittliche Betreuungsdauer zirka sechs Monate. Die Fluktuation der Betreuungskräfte ist in den letzten Jahren gestiegen und die durchschnittliche Betreuungsdauer hat sich verkürzt. Als Gründe werden genannt:

- Die Betreuungen werden erst in höherem Alter bzw. bei verschlechtertem gesundheitlichem Zustand in Anspruch genommen,
- die 24-Stunden-Betreuung wird verstärkt als Übergangslösung (zum Beispiel bis ein Heimplatz frei wird) genutzt, und

- die Betreuungskräfte werden „anspruchsvoller“ in der Auswahl der Einsatzorte bzw. der zu betreuenden Personen.

1.1 Ziele der 24-Stunden-Betreuung

Entscheidend für die Akzeptanz ist, dass die Betreuungskräfte die Betreuungsziele erreichen, das heißt, hinsichtlich der Aufgabenerfüllung den individuellen Anforderungen der jeweiligen Stelle entsprechen, und dass die Betreuungsbedürftigen und die Betreuungskräfte zueinander passen.

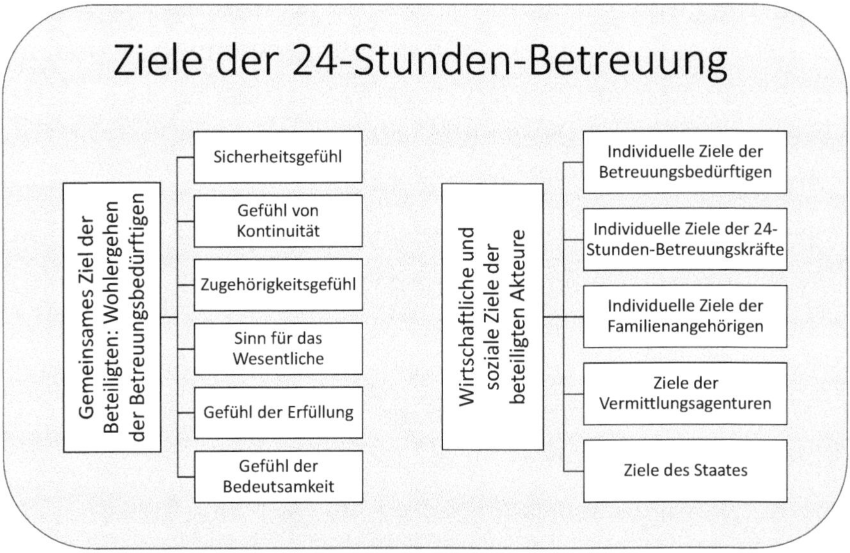

Abb. 1: Ziele der 24-Stunden-Betreuung

Hauptziel der 24-Stunden-Betreuung ist, dass es den Betreuungsbedürftigen trotz ihres meist fortgeschrittenen Alters und eventuell zunehmenden gesundheitlichen Einschränkungen möglichst gut geht. Sie sollen glücklich und zufrieden sein und ihr Leben genießen, das heißt, ihre Lebensqualität soll möglichst wenig beeinträchtigt werden.

Nolan et al. (31) geben einen guten Überblick über die Vorschläge in der Literatur zur Konkretisierung des an sich vagen Ziels der Aufrechterhaltung der individuellen Lebensqualität. Sie haben auf dieser Basis ein eigenes Konzept zur Qualitätssicherung in der häuslichen Betreuung von älteren Menschen entwickelt, das sechs Bereiche bzw. Teilziele identifiziert (siehe Abb. 1, linke Seite) und aus der Sicht der Betreuungsbedürftigen, der Angehörigen und der Betreuungskräfte beschreibt.

Für die Betreuungsbedürftigen beinhaltet das angestrebte Sicherheitsziel die Befriedigung der grundlegenden physiologischen und psychologischen Bedürfnisse sowie den Schutz vor Gefahren, Schaden oder Schmerz. Kontinuität bedeutet die Anerkennung und Berücksichtigung des Lebenslaufs in der Gegenwart und Zukunft. Zugehörigkeitsgefühl heißt, Gelegenheiten für sinnvolle Beziehungen zu schaffen, und, falls gewünscht, einer Gruppe oder Gemeinschaft anzugehören. Mit dem Sinn für das Wesentliche ist gemeint, dass sich die Betreuungsbedürftigen in zweckmäßigen Aktivitäten engagieren, sinnvoll ihre Zeit verbringen und herausfordernde Tätigkeiten übernehmen sollen. Um ein Gefühl der Erfüllung (Befriedigung) zu vermitteln, sollte den Betreuungsbedürftigen die Möglichkeit geboten werden, wesentliche und allgemein geschätzte Ziele zu erreichen. Das Gefühl der Bedeutung beinhaltet, dass sich die Person anerkannt und wertgeschätzt fühlt, und dass ihre Tätigkeiten und ihre Existenz ernst genommen werden.

Aus diesen Zielen sollten im Einzelfall konkrete Anforderungen an die gewünschten Betreuungsmaßnahmen abgeleitet werden, die eindeutig, vollständig, verständlich, widerspruchsfrei, redundanzfrei und korrekt formuliert sind. Durch die Konkretisierung in Form von Akzeptanzkriterien sollte für die Betreuungspersonen klar erkennbar sein, auf welche Tätigkeiten es den Betreuungsbedürftigen und ihren Angehörigen ankommt.

Neben den gemeinsamen, auf die betreute Person ausgerichteten Qualitätszielen gibt es wirtschaftliche und soziale Ziele der beteiligten Akteure. Zum Beispiel kann es das individuelle Ziel von Angehörigen sein, ihre eigene Belastung zu verringern und sich Freiraum für berufliche oder sonstige Aktivitäten zu schaffen. Die Betreuungskräfte streben in der Regel ein möglichst hohes Einkommen unter guten Arbeitsbedingungen an. Die Vermittlungsagenturen wollen Gewinn erzielen (Unternehmen) oder einfach Gutes tun (gemeinnützige Organisationen). Der Staat fördert die häusliche Betreuung und Pflege samt ambulanten Unterstützungsdiensten, weil diese Form der Gesundheitsfürsorge den Präferenzen der meisten alten Menschen (Wählern) entspricht, und diese Alternative den Staat pro Betreuungsfall viel weniger Geld kostet als die stationäre Betreuung - weil die Kosten der häuslichen Infrastruktur und der Leistungen der Angehörigen nicht berücksichtigt werden, das heißt, nicht der Allgemeinheit zur Last fallen.

Die Ziele können zueinander neutral sein (indifferente Ziele), sich ergänzen (komplementäre Ziele) oder sie können sich untereinander behindern oder ausschließen (konkurrierende Ziele).

Eine *hohe Akzeptanz der 24-Stunden-Betreuung* liegt vor, wenn die Erwartungen der Beteiligten weitgehend erfüllt werden, insbesondere wenn die Betreuungsbedürftigen die angebotenen Betreuungsleistungen gern nutzen und dadurch ihre Lebensqualität erhalten.

Die Erhebung der Lebensqualität kann durch Befragung und/oder Beobachtung erfolgen. Hierfür sind eine Vielzahl von Methoden entwickelt worden, die teils allgemein, teils krankheitsspezifisch sind, und die differenziert die verschiedenen Lebensqualitätsdimensionen berücksichtigen. (39)

1.2 Bedingungslage der 24-Stunden-Betreuung

Die Abb. 2 zeigt die Bedingungslage der 24-Stunden-Betreuung, die durch die Merkmale der erwähnten Akteure und strukturelle Verhältnisse geprägt ist. Im Folgenden werden diese Bestimmungsfaktoren und ihr Einfluss auf die Gestaltung und Akzeptanz der 24-Stunden-Betreuung näher betrachtet.

Weitere wichtige Player in diesem Bereich, auf die wir nicht näher eingehen, sind die Sozialversicherung (Krankenversicherung, Pflegeversicherung, Unfallversicherung, Pensionsversicherung und Arbeitslosenversicherung), die Wirtschaftskammer Österreich bzw. die Deutsche Industrie- und Handelskammer und Interessenvertretungen der Betreuungskräfte (wie die Gewerkschaften).

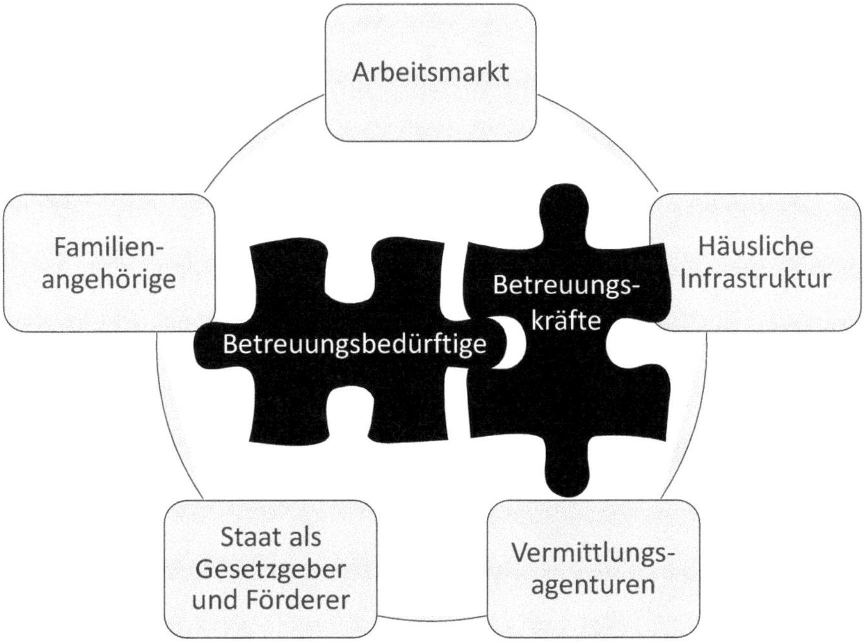

Abb. 2: Bedingungslage der 24-Stunden-Betreuung

1.2.1 Arbeitsmarkt für 24-Stunden-Betreuung

Die Lage auf dem Arbeitsmarkt für 24-Stunden-Betreuung ist ebenso angespannt wie im Bereich Betreuung und Pflege insgesamt. Die Nachfrage ist weitaus größer als das Angebot (Verkäufermarkt), sodass sich die Betreuungskräfte die Stellen aussuchen können. Die Konkurrenz der Nachfrager führt aufgrund des geringen Arbeitskräfteangebots tendenziell zu Lohnerhöhungen und häufigeren Kündigungen der Betreuungskräfte bei hoher Belastung (beispielsweise aufgrund fortgeschrittener Demenz der betreuten Person, hohen Anforderungen an die Mobilität usw.). Sie wählen verständlicherweise lieber Jobs mit weniger Stress und einem besseren Gehalt/Honorar. Die Vermittlungsagenturen sanktionieren wegen des Arbeitskräftemangels dieses Verhalten nur in seltenen Fällen.

Ein weiterer, aus der Sicht der Nachfrager negativer, Effekt ist, dass zunehmend auch weniger qualifizierte Kräfte zum Einsatz kommen. Für Vermittlungsagenturen wird die Personalsuche und -auswahl aufgrund des stagnierenden Angebots schwieriger und aufwendiger. Je besser die wirtschaftliche Lage in den osteuropäischen Herkunftsländern wird, umso weniger sind die dort bisher rekrutierten Betreuungskräfte bereit, im Ausland unter oft schwierigen Bedingungen zu arbeiten. Vor allem kleine Agenturen, die keinen großen Aufwand für die Anwerbung von Betreuungspersonal leisten können, vermitteln immer häufiger zu gering qualifizierte Kräfte, was zu einer vermehrten Ablehnung seitens der Kundenhaushalte bzw. der Betreuungsbedürftigen führt. Dabei steigen die Nachfrage und die Qualifikationsanforderungen: Die Zahl und das Durchschnittsalter der Pflegebedürftigen und damit ihre gesundheitlichen Probleme wachsen, sie haben dementsprechend höhere Pflegestufen, und sie beanspruchen häufiger und später eine Betreuung. Auch durch die Pensionierung vorhandener Betreuungskräfte öffnet sich die Schere zwischen Betreuungsangebot und -nachfrage immer weiter.

1.2.2 Staat als Gesetzgeber und Förderer

Die *Rechtslage* für die Beschäftigung von 24-Stunden-Betreuungskräften, insbesondere im Arbeits- und Sozialrecht, Gewerberecht und Steuerrecht, ist von Land zu Land verschieden. Einen guten Überblick über länderspezifische sozial- und beschäftigungspolitische Regulierungen in Deutschland, Österreich und der Schweiz und daraus resultierende unterschiedliche Betreuungsmodelle bieten Aulenbacher et al. (2).

Die wichtigsten *Vertragstypen* sind:

1. Werkvertrag mit selbstständig tätigen Betreuungskräften, die über einen Gewerbeschein verfügen. Wenn die Betreuungskräfte, wie in der Regel, über eine Agentur vermittelt werden, ist zusätzlich ein Vermittlungsvertrag mit der Agentur abzuschließen.
2. Betreuungsvertrag mit einem ausländischen Pflegedienst, bei dem die Betreuungskräfte sozialversicherungspflichtig und steuerpflichtig angestellt sind. Häufig wird der Kontakt zum ausländischen Entsendeunternehmen über eine heimische Vermittlungsagentur hergestellt → zusätzlicher Vermittlungsvertrag.
3. Betreuungsvertrag mit einer gemeinnützigen Organisation (wie Caritas, Volkshilfe, Hilfswerk, Rotes Kreuz), bei der die Betreuungskräfte beschäftigt sind. Anmerkung: Viele gemeinnützige Organisationen sind auch oder ausschließlich

als Vermittlungsagenturen tätig. Beispielsweise vermittelt die deutsche Caritas Pflegekräfte aus Osteuropa, die direkt beim deutschen Arbeitgeber angestellt sind (Alternative 4), während in Österreich vom Caritas-Kunden ein Werkvertrag mit der selbstständig tätigen Pflegekraft abgeschlossen wird (Alternative 1).

4. Unmittelbarer Dienstvertrag mit den Betreuungskräften, die in einem unselbstständigen Dienstverhältnis stehen (Arbeitgeber-/Arbeitnehmermodell) und zur Krankenkasse, Unfallversicherung und beim Finanzamt angemeldet werden müssen → teuer und hoher administrativer Aufwand.

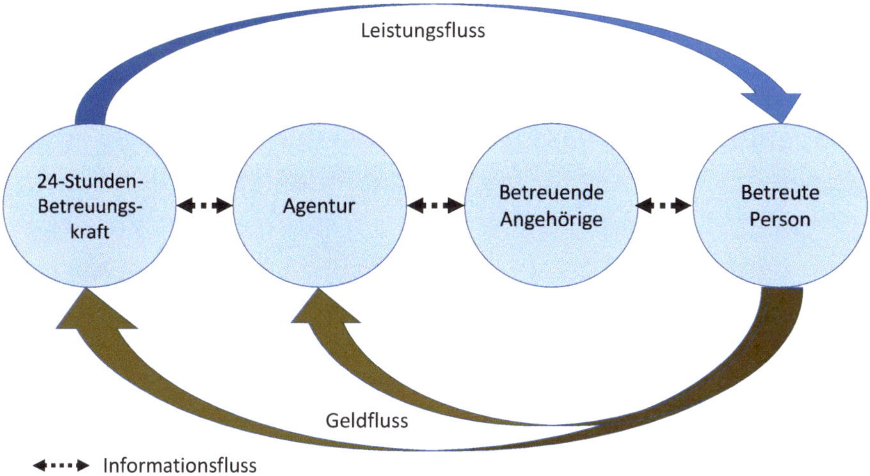

Abb. 3: Lieferkette für 24-Stunden-Betreuungsdienstleistungen

Die Abb. 3 veranschaulicht die Lieferkette für 24-Stunden-Betreuungsdienstleistungen beim Vertragstyp 1, bei dem selbstständige Betreuungskräfte über Agenturen vermittelt werden.

Die Gebühren, die die Betreuungskräfte für die Vermittlung, Einschulung, Weiterbildung und administrative Betreuung an die Vermittlungsagenturen zu bezahlen haben, sind nicht ausgewiesen.

In Österreich regelt das Hausbetreuungsgesetz von 2007 die Rechte und Pflichten von selbstständigen und unselbstständigen Betreuungskräften und der von ihnen betreuten Personen. Die Schutzbestimmungen bezüglich des Mindestlohns, der Ruhe- und Höchstarbeitszeiten, des Urlaubs und Krankenstands gelten allerdings nur für unselbstständige Erwerbstätige. Das und der hohe administrative Aufwand für die Direkteinstellung im Haushalt (Anmeldung, Abrechnung der Abzüge des Dienstnehmers und Zahlungen des Dienstgebers beim Finanzamt, bei der Krankenkasse und Unfallversicherung), dürften dazu geführt haben, dass in 98 Prozent der Betreuungsverhältnisse einem Werkvertrag mit selbstständig tätigen Betreuungskräften, die über einen Gewerbeschein verfügen, der Vorzug gegeben wird. Damit besteht eine erhebliche Gefahr der Ausbeutung, die wiederum zu einer Erhöhung der Fluktuationsrate führt. Um dieser Gefahr zu begegnen, sollten gleich zu Betreuungsbeginn die Arbeitszeit und Freizeit im Werkvertrag vereinbart werden.

Außer dem Gewerbeschein der Personenbetreuung (freies Gewerbe), einem Mindestalter von 18 Jahren und der EU/EWR-Staatsangehörigkeit bzw. einer entsprechenden Aufenthaltserlaubnis müssen die selbstständigen Betreuungskräfte keine weiteren Voraussetzungen erfüllen. Bestimmte Qualifikationen oder Erfahrungen sind also nicht vorgeschrieben.

Im Mai 2022 hat der österreichische Gesundheits- und Sozialminister eine Arbeitsgruppe eingesetzt, die Vorschläge erarbeiten soll, die vergleichsweise aufwendige Direkteinstellung von 24-Stunden-Betreuungskräften in Haushalten attraktiver zu machen. In diesem Fall ist der Betreuungsbedürftige bzw. ein Angehöriger Dienstgeber und schließt mit der Betreuungskraft einen Dienstvertrag ab. Die Besprechungen mit Sozialpartnern, Stakeholdern und dem Bundesministerium für Arbeit und Wirtschaft sind immer noch am Laufen. Ein konkreter Zeitpunkt für die Beendigung kann vom Sozialministerium derzeit nicht genannt werden.

In *Deutschland* ist der größte Teil der 24-Stunden-Betreuungskräfte direkt im Haushalt oder bei in- oder ausländischen Pflegediensten angestellt. Tritt der Haushalt als Arbeitgeber auf, so ist die tägliche Arbeitszeit gesetzlich auf acht Stunden, die wöchentliche Arbeitszeit auf 48 Stunden beschränkt. Zwischen dem täglichen Arbeitsende und dem Arbeitsbeginn am Folgetag sind mindestens elf Stunden Ruhezeit vorgeschrieben. Der Mindestlohn für die direkt vom Haushalt angestellten Betreuungspersonen beträgt 12 Euro/Arbeitsstunde (2023). Zusätzlich zum Lohn muss der Haushalt Arbeitgeberbeiträge zur Sozialversicherung (Krankenversicherung, Rentenversicherung und Arbeitslosenversicherung), steuerliche Abgaben und Beiträge für die Berufsgenossenschaft bezahlen. Sind die Betreuungskräfte bei einem in- oder ausländischen Dienstleister angestellt, der sie in den Haushalt entsendet, entfallen für den Haushalt die Arbeitgeberpflichten.

Ein brisantes Urteil des Landesarbeitsgerichts Berlin-Brandenburg vom 5.9.2022 stellte in einem konkreten Fall fest, dass Bereitschaftszeiten, in denen Pflegekräfte auf Abruf sind, als Arbeitszeiten gelten und dementsprechend mit dem Mindestlohn zu bezahlen sind. Würde das Urteil allgemein umgesetzt, dann könnten sich die meisten Haushalte eine 24-Stunden-Betreuung nicht mehr leisten. Weil Personal bei anderen Pflege- und Betreuungsdiensten und Plätze in Heimen fehlen, wäre ein Kollaps des Pflegesystems zu befürchten.

Möglicherweise verstärkt dieses Urteil auch in Deutschland den Trend in Richtung Werkvertrag mit selbstständigen Beschäftigten. Eine gesetzliche Regelung der Arbeitsbedingungen wie im österreichischen Hausbetreuungsgesetz gibt es jedoch bisher nicht.

Bei allen oben erwähnten Vertragsformen können Agenturen zwischen den Vertragspartnern vermitteln (Näheres folgt).

Ein weiterer wichtiger Faktor, der die Gestaltung und Akzeptanz der 24-Stunden-Betreuung seitens der Haushalte beeinflusst, sind die *staatlichen Unterstützungsleistungen*. In Deutschland und Österreich betragen die Gesamtkosten der 24-Stunden-Betreuung für einen Haushalt je nach Pflegebedürftigkeit der zu betreuenden Personen derzeit monatlich zirka 2.500 – 5.000 Euro (siehe Abschnitt 1.3 und das Kostenvergleichsbeispiel im Abschnitt 2.3). In Österreich beträgt das Pflegegeld pro

Monat in der ersten Pflegestufe 175,00 Euro, in der siebten, höchsten Pflegestufe 1.879,50 Euro (Stand: 2023). Zusätzlich kann für ein oder zwei Pflegekräfte ein Zuschuss in Höhe von 800 Euro gewährt werden (ab Pflegestufe 3). Das führt zu einem Eigenanteil ohne Kost und Logis von ungefähr 1.200 – 1.600 Euro pro Monat – ein Betrag, den sich nur wohlhabende Haushalte leisten können. Ein vom Sozialministerium für pflegende Angehörige ab Pflegestufe 4 gewährter jährlicher Bonus von 750 Euro (ab 2023) bzw. 1.500 Euro (ab 2024) ändert daran kaum etwas, weil damit allenfalls die derzeit sehr hohe Inflationsrate kompensiert werden kann. Pensionisten erhalten diesen Bonus zudem nur, wenn sie die Einkommensgrenze von 1.500 Euro unterschreiten. Für einkommensschwächere Betreuungsbedürftige und ihre Angehörigen ist ein Pflegeheimplatz erschwinglicher, weil – wenn das Einkommen zur Bezahlung nicht reicht - meist die Sozialhilfe für den Restbetrag aufkommt.

Das *Schengen-Veto des österreichischen Innenministers* vom 8. Dezember 2022 bezüglich Rumäniens hat auf die Akzeptanz der österreichischen Angebote von 24-Stunden-Betreuungsplätzen einen negativen Einfluss. Über die Hälfte der in Österreich tätigen 24-Stunden-Betreuerinnen kommen aus diesem Land. Sie können wie die meisten Migrationsexperten und Wirtschaftstreibenden diese Entscheidung nicht nachvollziehen und sind erbost, dass sie weiterhin an der rumänisch-ungarischen Grenze oft stundenlang warten müssen. Weil ihnen der Eindruck vermittelt wurde, dass sie in Österreich nicht willkommen sind, denken viele der rumänischen Betreuerinnen darüber nach, ob sie künftig nicht lieber in Deutschland oder Italien arbeiten wollen.

Die *staatliche Qualitätssicherung der 24-Stunden-Betreuung* erfolgt in Österreich durch kostenlose, angekündigte Hausbesuche, die von qualifizierten diplomierten Pflegefachkräften durchgeführt werden. Bei einer geförderten Betreuung über sechs Monate sind diese Hausbesuche verpflichtend. Der standardisierte Fragebogen enthält 94 Fragen zu den folgenden Bereichen: funktionale Wohnsituation, Körperpflege, medizinisch-pflegerische Versorgung, Ernährung inklusive Flüssigkeitszufuhr, hygienische Wohnsituation sowie Aktivitäten/Beschäftigung/Sozialleben. Bei Mängeln erfolgt eine unmittelbare niederschwellige Beratung. Die Fragen dringen tief in die Privatsphäre ein, was unter Datenschutzaspekten problematisch erscheint.

2019 hat das Sozialministerium ein *Pilotprojekt mit unangekündigten Hausbesuchen* in der 24-Stunden-Betreuung durchgeführt. Die Ergebnisse waren vergleichbar mit jenen der angekündigten Hausbesuche.

1.2.3 Vermittlungsagenturen

Im Zusammenhang mit dem Arbeitsmarkt für 24-Stunden-Betreuungskräfte wurde bereits auf die Rolle der Vermittlungsagenturen hingewiesen. Als verbindendes Glied zwischen dem Angebot und der Nachfrage erbringen sie Leistungen in räumlicher, qualitativer und kommunikativer Hinsicht. Die räumliche Funktion beinhaltet die Suche geeigneter Betreuungskräfte und

Haushalte sowie den Transport. Aufgrund des niedrigen Lohnniveaus stammen in Europa die Betreuungskräfte größtenteils aus Osteuropa, die nachfragenden Haushalte befinden sich in Mittel-, Nord- und teilweise Südeuropa. Dabei bedienen die Vermittlungsagenturen meist nur die Haushalte eines Landes oder einer Region. Der Transport zwischen Wohnort und Betreuungsort wird entweder von den Vermittlungsagenturen durchgeführt oder von den Betreuungskräften selbst über private Fahrtendienste per Auto oder Kleinbus organisiert. Eher selten kommen die Betreuungskräfte mit der Bahn oder dem eigenen Auto. Zur Qualitätsfunktion gehören die Eignungsprüfung der sich bewerbenden bzw. kontaktierten Betreuungskräfte, deren Aus- und Weiterbildung, die Sicherstellung einer geeigneten Infrastruktur in den in Frage kommenden Haushalten sowie die laufende Qualitätssicherung durch regelmäßige Besuche und Gespräche mit allen Betroffenen am Einsatzort. Ein wesentliches Qualitätskriterium ist auch, wie rasch bei dem Ausfall einer Betreuungskraft ein Ersatz bereitgestellt werden kann. Die Kommunikations- und Beratungsfunktion beinhaltet die Unterstützung der Haushalte und der Betreuungskräfte bezüglich der Honorare, der Vertragsgestaltung, sonstigen administrativen Fragen, der Lösung von Konflikten usw.

Die mangelhafte Funktionserfüllung vieler Agenturen ist ein wesentlicher Grund für die Akzeptanzprobleme und die hohe Fluktuationsrate im Bereich der 24-Stunden-Betreuung. Die Agenturen sind allein für die Auswahl und Zuordnung der Betreuungskräfte zu einem Haushalt verantwortlich, der Kunde hat üblicherweise keine Mitwirkungsmöglichkeit. Die Zuordnung erfolgt durch einen Abgleich der Qualifikationsprofile der verfügbaren Betreuungskräfte mit dem Anforderungsprofil des jeweiligen Haushalts. Wenn die zugeteilte Betreuungsperson nicht passt oder die von der Agentur vermittelte Information über die Stellenanforderungen unvollständig oder unrichtig ist, führt das sehr oft schon nach einem Turnus zu einer Kündigung von einer der beiden Seiten. Je größer der Pool an Betreuungskräften einer Agentur ist, um so besser sind die Chancen, eine geeignete Betreuungsperson zugeteilt zu bekommen. Das spricht für die Inanspruchnahme von möglichst großen Agenturen.

Bei der Wirtschaftskammer Österreich (WKO) waren am 30.09.2023 insgesamt 932 Vermittlungsagenturen mit aktivem Gewerbeschein gemeldet. Davon waren rund 700 Einzelunternehmer. Die Adressen sind über die Website der WKO-Fachgruppe Personenberatung und Personenbetreuung, der gesetzlichen Interessenvertretung der selbstständigen Personenbetreuerinnen und Vermittlungsagenturen Österreichs, abrufbar (47). Viele dieser Agenturen wurden von ehemaligen Personenbetreuerinnen gegründet und sind nicht in nennenswertem Umfang aktiv. Die große Mehrheit der gelisteten Agenturen besitzt keine Website und ist nicht über E-Mail oder Telefon erreichbar. Bei einem Abruf am 10.10.2023 wurden 982 Vermittlungsagenturen ausgewiesen, darunter offenbar 50 mit ruhendem Gewerbeschein. Nur für 231 Agenturen waren Kontaktdaten angegeben. In Wien waren 132 Agenturen angemeldet, aber nur 28 mit Kontaktdaten.

Die zehn größten Agenturen in Österreich haben zirka 20 Mitarbeiter und kümmern sich um mehrere hundert Haushalte im nationalen Raum. Die meisten anderen aktiven Agenturen haben einen regionalen Schwerpunkt und betreuen typischerweise 70 - 80 Familien. Oft haben sie nur ein oder zwei Angestellte. Die Geschäftsgebarung der Mehrheit der Agenturen ist intransparent und wenig vertrauenserweckend. Viele bieten keine Schulung an und greifen auch auf Betreuungskräfte zurück, die kaum Deutsch sprechen und nur geringe fachliche und soziale Kompetenzen aufweisen. Bei den Preisen für die Vermittlung und bei den jeweils vorgeschlagenen Tagessätzen der Betreuungskräfte gibt es eine enorme Schwankungsbreite, ebenso bei den zusätzlichen Fahrkosten. Aus diesem Grund hat das österreichische Sozialministerium 2019 ein bundeseinheitliches Qualitätszertifikat für Vermittlungsagenturen in der 24-Stunden-Betreuung geschaffen. Eine Liste der zertifizierten Agenturen findet sich hier (34). Am 1. Oktober 2023 wurden dort 41 zertifizierte Agenturen ausgewiesen, das waren nur 4,4 Prozent der Gesamtzahl der bei der Wirtschaftskammer gemeldeten bzw. weniger als ein Fünftel der tatsächlich in nennenswertem Umfang tätigen zirka 200 Agenturen.

In Deutschland gibt es bisher kein vergleichbares staatlich kontrolliertes Qualifikationszertifikat. Das Kuratorium Deutsche Altershilfe hat jedoch einen Anforderungskatalog für die faire Anwerbung und Vermittlung von Pflegekräften aus dem

Ausland entwickelt, der 2022 aktualisiert und vom Bundesministerium für Gesundheit übernommen wurde. Agenturen, die dieses RAL-Gütezeichen für Werbezwecke nutzen, müssen die Anpassung ihrer Geschäftsprozesse an diese Anforderungen (vier Gütebereiche mit 19 Kriterien und 56 Indikatoren) dokumentieren und gegenüber dem Verein Anwerbung und Vermittlung von Pflegekräften aus dem Ausland e.V. nachweisen. Am 1. Oktober 2023 hatten 61 Agenturen dieses Gütesiegel erhalten (33).

Wenn sich die Arbeitsverhältnisse zwischen den Betreuungsbedürftigen bzw. ihren Angehörigen und den 24-Stunden-Betreuungskräften zur beiderseitigen Zufriedenheit stabilisieren und eine langfristige Perspektive haben, sind die Vermittlungsagenturen von der *Ausschaltung* bedroht. Sowohl die Haushalte als auch die Betreuungskräfte fragen sich dann, warum sie eigentlich noch relativ hohe Gebühren bezahlen sollen, wenn die Beschäftigung/Betreuung auf absehbare Zeit gesichert ist. Die Qualitätssicherungsmaßnahmen (Ausfüllen von Formularen, Besuche) der Agentur werden als überflüssig und lästig empfunden. Die Agentur hat dann eigentlich nur noch den Charakter einer Versicherung für den Fall, dass es unvorhergesehen zu einem Ausfall kommen könnte. Wegen der Verkäufermarktsituation müssen die Betreuungskräfte nicht befürchten, in einem solchen Fall nicht umgehend wieder von ihrer früheren Agentur aufgenommen zu werden oder bei einer anderen Agentur unterzukommen.

1.2.4 Familienangehörige

Die Familienangehörigen haben einen entscheidenden Einfluss auf die Zielerreichung der 24-Stunden-Betreuung. Von ihnen geht in der Regel die Initiative für diese Betreuungsform aus, weil ihre Liebsten in den eigenen vier Wänden umsorgt werden wollen, sie allein aber nicht eine angemessene Betreuung und Pflege leisten können (zum Beispiel aus beruflichen Gründen, wegen des entfernten Wohnorts, wegen Krankheit, Überforderung usw.). Die Angehörigen müssen Überzeugungsarbeit leisten, um Widerstände ihrer betreuungsbedürftigen Mutter, ihres Vaters, Partners bzw. Partnerin oder behinderten Kindes zu überwinden. Sie wählen die Vermittlungsagentur und damit indirekt die von außen kommenden Betreuungskräfte aus. Sie sind für die Einschulung neuer Kräfte verantwortlich, müssen diese freundlich und respektvoll behandeln und sollten diese nach Kräften unterstützen. Die Einarbeitung neuer Betreuungspersonen wird durch einen Leitfaden erleichtert, in dem die Ressourcen, Routineabläufe, öffentliche Verkehrsanbindung und Kontaktadressen (Angehörige, Notdienste, Ärzte, in der Nähe befindliche Bankfilialen und Lebensmittelgeschäfte usw.) beschrieben werden. Wenn die Angehörigen im gleichen Haushalt wohnen und an der Betreuung beteiligt sind, gelten für sie dieselben Anforderungen wie für die 24-Stunden-Betreuungskräfte. Vor allem sollten sie sich an der Gefühlswelt der betreuten Person orientieren. Die gemeinsamen Erfahrungen und die emotionalen Beziehungen sind in der Regel sehr hilfreich, sie können aber auch gelegentlich hinderlich sein (zum Beispiel bei

Umkehr der Autoritätsverhältnisse). Die Angehörigen sollten stets umfassend über gesundheitliche Veränderungen und gravierende Probleme der 24-Stunden-Betreuung informiert sein; wenn sie entfernt wohnen, hat dies zeitnah durch die Betreuungspersonen zu geschehen. Die pflegenden Angehörigen sollten rund um die Uhr als primäre Ansprechpartner zur Verfügung stehen und laufend kontrollieren, dass eine hohe Qualität der Betreuung sichergestellt ist. Häufig müssen sie sich auch an den Ausgaben für die Agenturen und Betreuungskräfte beteiligen, wenn das Einkommen der betreuten Person und die staatliche Förderung zur Kostendeckung nicht ausreichen.

Um der Gefahr einer zunehmenden Isolation zu begegnen, sollten sie die sozialen Kontakte ihrer Liebsten fördern, beispielsweise durch Treffen mit Freunden, gemeinsame Besuche von Ausstellungen, Veranstaltungen, Spaziergänge, Ausflüge usw. Wenn die Angehörigen nicht in demselben Haushalt leben, sind häufige Besuche der betreuten Personen wünschenswert. Bei Vorliegen einer Demenzerkrankung ist die Teilnahme an Pflegestammtischen, Selbsthilfegruppen für pflegende Angehörige, Vorträgen und Seminaren über den Umgang mit der Krankheit zu empfehlen.

Wenn die Angehörigen diese Anforderungen nicht oder nur mangelhaft erfüllen, sind die betreuten Personen und die Betreuungskräfte gleichermaßen unzufrieden. Diese Unzufriedenheit äußert sich in schlechter Laune, Frust, Meckern, möglicherweise Aggressionen, sozialem Rückzug und Depressionen. Betreuungskräfte halten es meist nicht sehr lange aus, mit unglücklichen Menschen zu arbeiten, und kündigen früher oder später.

1.2.5 Häusliche Infrastruktur

Für die 24-Stunden-Betreuungskräfte ist in der Wohnung ein eigenes, verschließbares Zimmer bereitzustellen. Zur Grundausstattung gehören ein Bett mit einer guten Matratze, ein Tisch mit einer Sitzgelegenheit, ein Schrank mit eingebautem Safe, ein Spiegel, ein Fernsehgerät mit Programmvielfalt sowie ein kostenloser schneller Internetanschluss (WLAN). Geschätzt wird der kostenlose Zugang zu einem Streaming-Dienst wie Netflix, WOW, Amazon Video oder Disney+, wodurch die Betreuungskräfte in ihrer Freizeit auf einem mit dem Internet verbundenen Gerät (TV, PC, Tablet, Smartphone) Filme und Serien ansehen können. Ideal sind ein eigenes Bad und eine eigene Toilette. In den meisten Haushalten ist aber nur ein Bad mit WC vorhanden, zu dem ein Zugang ermöglicht werden muss. Fast die Hälfte der Wohnungen in Deutschland und Österreich verfügt jedoch daneben über ein separates WC bzw. eine Gästetoilette.

Häufige Klagen betreffen das zu kleine, renovierungsbedürftige Bad und das Fehlen einer Dusche. In Deutschland und Österreich sind weniger als ein Viertel der Bäder altersgerecht, das heißt, durch ältere Menschen bequem nutzbar. Ist das nicht der Fall, so ist zur Vorbereitung der häuslichen Betreuung ein barrierefreier Umbau empfehlenswert. Zu einem altersgerechten Bad gehört eine bodengleiche Dusche, eine barrierefreie

Toilette, die Ausstattung mit Sitz- und Haltegriffen, ein unterfahrbares Waschbecken, rutschhemmende Fliesen und eine gute Beleuchtung.

Da die Wohnungsgröße und -ausstattung der Familien, die sich eine 24-Stunden-Betreuung leisten können, meist besser ist als die Wohnsituation der Betreuungskräfte in ihrem Herkunftsland, gibt es diesbezüglich selten Beschwerden. Unzumutbare Wohnverhältnisse, die zu einer Kündigung der Betreuungskräfte geführt haben, kommen aber vor. So hat beispielsweise eine Betreuerin berichtet, dass sie im Ehebett neben der von ihr betreuten Frau, deren Mann verstorben war, schlafen musste.

1.2.6 Betreuungsbedürftige

Für die Betreuungsbedürftigen ist es meistens eine schwierige Umstellung, wenn ihre bisherige selbstständige Haushaltsführung oder die Betreuung durch Angehörige (unter Umständen mit Unterstützung mobiler Dienste) durch 24-Stunden-Betreuungskräfte ergänzt oder ersetzt wird. Die Abb. 4 zeigt, aus welchen Gründen viele Betreuungsbedürftige anfangs (und manchmal auch auf Dauer) eine 24-Stunden-Betreuung ablehnen.

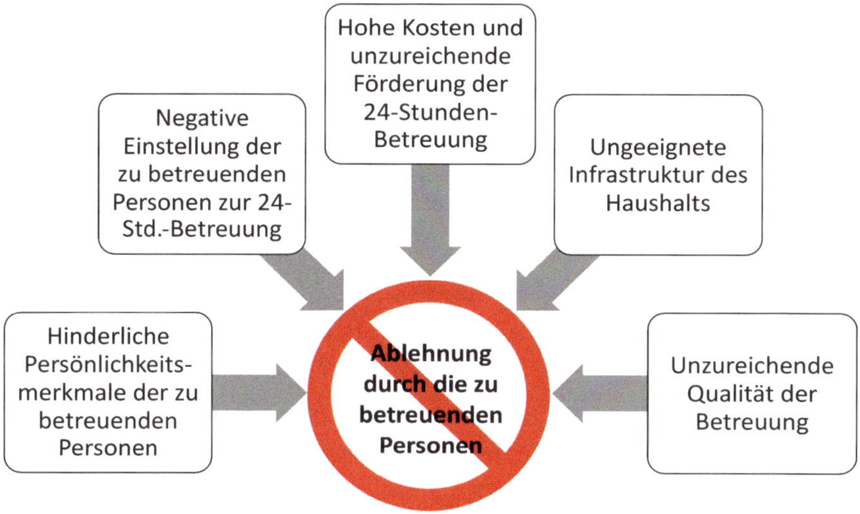

Abb. 4: Ursachen der Ablehnung der 24-Stunden-Betreuung-durch die Pflegebedürftigen

Jeder Betreuungsfall ist anders. Die Gestaltung der Betreuungsmaßnahmen und deren Akzeptanz oder Ablehnung durch die zu betreuenden Personen werden maßgeblich durch deren Gefühlswelt und Persönlichkeitsmerkmale bestimmt. Relevante soziodemografische Merkmale sind der Gesundheitszustand, Alter, Geschlecht, Bildungsgrad, Religionszugehörigkeit, Familienstand und Einkommen. Bedeutsame psychografische Merkmale sind Bedürfnisse, Ausgabenstruktur, sozialer Status, Lebensstil, Interessen und Aktivitäten, insbesondere Hobbys, Meinungen und Einstellungen.

Beispielsweise sind die Betreuungskräfte häufig der Betreuung älterer Patientinnen und Patienten mit mittelschwerer oder schwerer Demenz, Krebs in einem späten Stadium, Störungen nach einem Schlaganfall o.ä. nicht gewachsen, und werden deshalb von diesen abgelehnt (oder sie kündigen von sich aus). Ablehnung kann auch aus dem unterschiedlichen Bildungsgrad, der unterschiedlichen Religionszugehörigkeit oder der ausländischen Herkunft der Betreuungskräfte resultieren. Ein weiteres mögliches Problem speziell bei alzheimerkranken Patientinnen ist, dass sich diese gegenüber der Betreuungskraft zurückgesetzt fühlen, weil

- diese mehr kann und unter Umständen hauswirtschaftliche Aufgaben übernimmt, die bisher von der betreuten Person ausgeführt worden sind (Minderwertigkeitsgefühl),
- die mitbetreuenden Familienangehörigen, insbesondere der Partner, vergleichsweise intensiv mit der Betreuungskraft kommunizieren, was für die betreute Person unverständlich ist (Gefühl der Ausgrenzung),
- Ängste entstehen, dass die Aufmerksamkeit, Zuneigung und Anerkennung des Partners wegen der Betreuungskraft reduziert und auf diese übertragen werden könnten (Eifersucht). (29, S. 232)

Um solchen schmerzhaften Gefühlen und daraus resultierender Ablehnung und Aggressionen begegnen zu können, ist es wichtig, dass die pflegenden Angehörigen und die Betreuungskräfte negative Emotionen erkennen und versuchen, die Ursachen soweit es geht zu vermeiden. Dadurch können sie auch eigenen Frustrationen und Enttäuschungen, zum Beispiel aufgrund fehlender Dankbarkeit, begegnen.

Vielfach haben die für die Betreuung vorgesehenen bzw. betreuten Personen auch eine negative Einstellung zur 24-Stunden-Betreuung an sich. Gründe dafür sind:

- Die fehlende Einsicht in die Notwendigkeit einer Betreuung,
- die erwartete Einschränkung der Unabhängigkeit, Selbstständigkeit und der gewohnten Beschäftigung,
- ein befürchteter Verlust der Privatsphäre und die vermutete Beeinträchtigung der Intimsphäre,
- die Unfähigkeit, Hilfe anzunehmen, und mangelndes Vertrauen zu einer fremden Person im Haus.

Diese Ablehnungsgründe verlieren jedoch häufig mit zunehmender Erfahrung an Bedeutung. Dazu der Bericht eines Verwandten über die Langzeitbetreuung einer älteren Dame (sie wurde fast hundert), die in ihren letzten Lebensjahren von nur zwei Betreuerinnen, die sich alle 14 Tage abwechselten, gepflegt wurde: *„Anfangs gingen die meisten der über zehn Kündigungen von der Mutter aus, die an die zwei Jahre brauchte, bis sie die fremden Personen und die immer auftretenden Verständigungsschwierigkeiten akzeptierte. Ihre offen gezeigte Ablehnung trug in einigen Fällen auch dazu bei, dass die Betreuungskräfte selbst kündigten. Doch danach funktionierte die 24-Stunden-Betreuung über zehn Jahre lang, insbesondere auch, weil die Betreuerinnen dann auf Selbstständigenbasis - ohne Agenturen - gearbeitet haben. Erleichtert hatte die dauerhafte Situation, dass die Betreuerinnen stets Weihnachten, Neujahr und Ostern bei ihren Familien verbringen konnten. Dazu ist die*

Tochter immer von Wien nach Salzburg gefahren und hat die Betreuung übernommen.“

Geserick (19, S. 81 ff.) berichtet, dass von elf untersuchten Betreuungsverhältnissen nur zwei von Beginn an konstant gewesen sind. In sieben der interviewten Familien wurden nach einer Anfangsphase mit einigen Wechseln stabile Verhältnisse erreicht. In zwei Fallgeschichten kam es zu 13 bzw. 14 Wechseln; in einem der beiden Fälle, so lange, bis die kleine Agentur keine neuen Betreuerinnen mehr zur Verfügung stellen konnte.

Auf weitere wichtige Ablehnungsgründe,

- die hohen Kosten der 24-Stunden-Betreuung in Relation zum Einkommen (inklusive der staatlichen Förderung) und
- die ungeeignete Infrastruktur des Haushalts,

wurde bereits vorstehend eingegangen. Die zu kleine Wohnung oder die nicht passende Zimmeraufteilung werden häufig als Hinderungsgründe vorgeschoben, obwohl das objektiv gesehen unzutreffend ist.

Der wichtigste Ablehnungsgrund der 24-Stunden-Betreuung aus der Sicht der Betreuten ist die schlechte Qualität der Betreuung durch die ungenügende fachliche, soziale und/oder sprachliche Kompetenz, nicht ausreichende Belastbarkeit sowie problematisches Verhalten der Betreuungskräfte. Das heißt, dass diese die physiologischen, sicherheitsbezogenen und sozialen Bedürfnisse sowie das Streben nach Anerkennung, Wertschätzung, Zuneigung und Selbstverwirklichung der betreuten

Personen nicht im gewünschten Ausmaß befriedigen können oder wollen.

Die mangelhafte fachliche Kompetenz kann sich zum Beispiel in schlechtem Essen, zu geringer Sauberkeit der Wohnung, unzureichender Körperpflege, Vernachlässigung von Tieren und Pflanzen, der unbefriedigenden Wäscheversorgung oder dem nicht ordnungsgemäßen Führen des Haushaltsbuches äußern. Mangelhafte soziale Kompetenz liegt vor, wenn es der Betreuungskraft an Freundlichkeit, Verständnis, persönlicher Zuwendung, Geduld und Gelassenheit fehlt, oder wenn sie die Privat- und Intimsphäre der betreuten Person nicht genügend respektiert. Zum Beispiel erfordert die Unterstützung beim Waschen, Duschen, Toilettengang oder der Umgang mit Inkontinenz viel Einfühlungsvermögen, Fingerspitzengefühl und die Berücksichtigung von Schamgefühl.

Ein weiteres Problemfeld ist die unzureichende Kommunikationsfähigkeit von Betreuungspersonen, die nur zum Teil an den oft geringen Sprachkenntnissen liegt. Die weitreichende Verfügbarkeit der Betreuungspersonen und der intensive Gedankenaustausch mit den betreuungsbedürftigen Personen haben einen entscheidenden Einfluss auf ihre Akzeptanz. Je mehr sich die Rolle der Betreuungskraft vom Dienstleister zum „Familienmitglied“ wandelt, um so stärker wird die Bindung zu der betreuten Person und desto höher wird die Akzeptanz.

Problematisches Verhalten der Betreuungskräfte kann sich beispielsweise durch Rauchen in der Wohnung, übermäßigen Alkoholkonsum, Verschwendung, Unzuverlässigkeit, Aggressionen usw. äußern. Konflikte zwischen den im Turnus arbeitenden Betreuungskräften, die für die Betreuten und ihre Angehörigen unangenehm sind, können durch die unterschiedliche Qualität der Aufgabenerfüllung und Probleme beim Wechsel (ungenügende Information, Unpünktlichkeit) entstehen.

Das Gewicht der skizzierten Ablehnungsgründe ist von Fall zu Fall verschieden. Bei Nutzerbefragungen zur Suche und Auswahl von Anbietern der stationären Pflege wird die soziale Kompetenz des Personals weitaus wichtiger eingeschätzt als die Infrastruktur, die Freizeit-, Aktivierungs-, Beschäftigungsangebote und die Preise/Kosten. Zum Beispiel wurden bei einer Angehörigenbefragung der Weissen Liste der Bertelsmann-Stiftung in der stationären Altenpflege (5) die folgenden Merkmale als am wichtigsten bezeichnet:

- Würde- und respektvoller Umgang der Mitarbeiter mit den Pflegebedürftigen,
- ausreichend Zeit für die Pflege,
- fachliche Qualität der Pflege,
- Freundlichkeit des Personals,
- Qualifikation des Personals.

Vermutlich wird das bei der 24-Stunden-Betreuung zu Hause ähnlich sein. Die meines Wissens einzige aktuelle Befragung von betreuungsbedürftigen Personen und ihren Angehörigen, die allerdings nur auf Telefoninterviews mit elf Personen basiert, hat als persönliche Eigenschaften von zentraler Bedeutung ermittelt: Empathie, Hausverstand, Geduld, Humor, positive Grundstimmung (Lebensfreude), Ruhe, Gelassenheit, Distanzgefühl, Zuwendung (19, S. 35 ff.)

1.2.7 Betreuungskräfte

Die 24-Stunden-Betreuungskräfte sind in Österreich wie erwähnt in den meisten Fällen selbstständige Unternehmer und zur Gewerbeanmeldung bei der Wirtschaftskammer Österreich (WKO) verpflichtet. Über 80 Prozent der dort gemeldeten rund 58.000 Personenbetreuer mit aktivem Gewerbeschein stammen aus Rumänien (55 Prozent) und der Slowakei. Weitere wichtige Herkunftsländer sind Bulgarien, Polen, Ungarn, Tschechien, Kroatien, Serbien und Lettland. Nur 1,6 Prozent sind Österreicher. In Deutschland arbeiten grob geschätzt 300.000 bis 600.000 Menschen in der 24-Stunden-Betreuung, von denen die meisten aus Polen und Rumänien stammen. Hauptgrund für die Dominanz osteuropäischer Herkunftsländer ist das dortige wesentlich geringere Lohnniveau. Weitere Beweggründe der 24-Stunden-Betreuungskräfte sind die drohende Arbeitslosigkeit und der Wunsch nach Aufrechterhaltung oder Verbesserung des Lebensstandards. Die Initialzündung für das Ergreifen dieses Berufes ist in vielen Fällen eine Veränderung der Lebensumstände (zum Beispiel Kinder aus dem Haus, Ruhestand oder Krankheit des Partners, Scheidung).

Die Suche und Einschulung einer 24-Stunden-Betreuerin aus den oben genannten Ländern kostet die Agentur im Durchschnitt einige tausend Euro. Die Anwerbung, Ausbildung und Integration von Kräften aus Nicht-EU-Ländern wäre sehr viel teurer und mit einem so hohen bürokratischen Aufwand verbunden, dass sie bei der 24-Stunden-Betreuung kaum vorkommt.

Um die Betreuungskräfte zu unterstützen, hat der Fachverband für Personenberatung und Personenbetreuung der *WKO* einen *Online-Ratgeber* in Deutsch, Englisch und den Fremdsprachen der zehn häufigsten Herkunftsländer erstellt. Folgende Themengebiete werden behandelt: Gründung, Standort- oder Betriebsstättenwechsel, Ermittlung von Abgaben und Einkünften, Sozialversicherung, Registrierkassenpflicht, Leistungsumfang der Gewerbeberechtigung und Muster-Werkvertrag (48). Bei der WKO sind auch diverse Formulare und Musterverträge für die 24-Stunden-Betreuung kostenlos zum Download erhältlich.

Die Betreuungskräfte kommen meist mit *Fahrtendiensten* an ihren Einsatzort. Sie werden typischerweise zu Hause mit Kleinbussen abgeholt, die in einer Region des Herkunftslandes die Betreuungskräfte „einsammeln", nach Österreich oder Deutschland in eine bestimmte Region bringen und dort bei den Kundenhaushalten absetzen. Das dauert zum Beispiel bei Fahrten von und nach Rumänien 6 – 9 Stunden, durch exzessive Grenzwartezeiten (zum Beispiel wegen Schengen- oder Corona-Kontrollen) kann sich dieser Wert noch erheblich erhöhen. Die Kosten für die Hin- und Rückfahrt betragen zum Beispiel zwischen Wien und Rumänien (je nach Region) 180 bis 250 Euro. Die Kleinbusse verkehren täglich, teils gehören sie Agenturen, teils werden sie von selbstständigen Transportunternehmen betrieben. Die Buchung und Vereinbarung von ungefähren Abholungszeitpunkten erfolgen telefonisch.

In diesem Bereich gibt es große Missstände: Die Fahrer fahren oft in einem Zug zwischen dem Heimat- und dem Einsatzort hin und zurück, das sind beispielsweise zwischen Wien und Rumänien 1.000 – 2.000 km, manchmal legen sie sogar ununterbrochen drei Strecken zurück, sie schlafen unterwegs bei Übermüdung ein bis zwei Stunden auf einem Parkplatz, manche rauchen unablässig bei geöffnetem Fahrerfenster, verweigern die Quittung für die bezahlten Fahrtkosten und verspäten sich oft um viele Stunden.

Über 90 Prozent der 24-Stunden-Betreuungskräfte sind Frauen. 65 Prozent sind zwischen 40 und 59 Jahre alt, 22,5 Prozent entfallen auf die Altersgruppe 61 bis 70 Jahre. (49) Auffällig ist der vergleichsweise geringe Anteil der unter 40-jährigen (10,7 Prozent), vermutlich weil viele noch minderjährige Kinder zu versorgen haben.

Die *Turnusdauer* wird maßgeblich durch die Interessen und die Entfernung zwischen Wohnort und Einsatzort der Betreuungskräfte sowie die Wünsche der Haushalte bestimmt. Tendenziell gilt: Je weiter die Entfernung, desto länger der Turnus. Zum Beispiel dominiert in Deutschland und Österreich bei Betreuerinnen aus Polen bzw. der Slowakei ein zweiwöchiger Turnus, bei Betreuerinnen aus Rumänien ein vierwöchiger Turnus. Manchmal sind es sogar mehrere Monate. Aus diesem Grund vermitteln die Agenturen in der Mehrzahl der Fälle in einen Haushalt Kräfte, die aus demselben Land stammen. Für die

Betreuungsbedürftigen ist in der Regel eine längere Turnuszeit besser, weil sie sich seltener umstellen müssen. Es gibt Betreuerinnen die quasi in Vollzeit abwechselnd in zwei verschiedenen Haushalten arbeiten, und dort nicht nur das Honorar bzw. den Lohn (teilweise „schwarz“) sondern auch zwei Mal die Fahrtkosten kassieren, obwohl sie gar nicht nach Hause fahren. Die Haushalte bestehen auf zwei Kräften, weil sie dadurch eine höhere staatliche Förderung bekommen können.

Abb. 5: Akzeptanz durch eine personenzentrierte Beziehungsgestaltung

Das Deutsche Netzwerk für Qualitätsentwicklung in der Pflege (kurz: DNQP) hat einen Expertenstandard zur „Beziehungsgestaltung in der Pflege von Menschen mit Demenz“ erstellt, der Betreuungskräften Empfehlungen und Anleitungen zur Erreichung einer hohen Akzeptanz bietet. Gefordert wird eine personenzentrierte Betreuung, bei der der Mensch, sein Charakter und seine Persönlichkeit im Fokus stehen. Die Beziehungsgestaltung soll von Vertrauen und Respekt geprägt sein. Die Betreuungsperson und der Demenzkranke sollen eine Gemeinschaft bilden, in der Unterschiede zwischen Patient und Betreuungskraft keine Rolle spielen, und in der sich der Kranke wohlfühlt. (14)

Dementsprechend haben die oben erwähnte Sozialkompetenz und das Verhalten der Betreuungskräfte einen entscheidenden Einfluss auf ihre Akzeptanz. Von einer Patientin oder einem Patienten wird die Betreuerin nur bei großem Einfühlungsvermögen, persönlicher Zuwendung, Achtung als vollwertige Person, Vertrauenswürdigkeit, Verständnis, Geduld, intensiver Kommunikation, Anerkennung usw. als Freundin betrachtet, mit der sie/er gern gemeinsam ihren Tagesablauf gestaltet. Hauswirtschaftliche Fähigkeiten sind weit weniger wichtig.

Der schlechte Gesundheitszustand der betreuten Personen und die daraus resultierende Überforderung sind auch für die Betreuungskräfte ein großes Problem. Sie haben häufig falsche Erwartungen wegen unzureichender Information durch ihre Agentur und die Angehörigen und fühlen sich den hohen psychischen und physischen Anforderungen nicht gewachsen. Das kann dann bereits nach einem Turnus zur Kündigung führen. Oft verschlechtert sich der Gesundheitszustand auch erst im Lauf der Zeit, so dass die Überforderung allmählich eintritt.

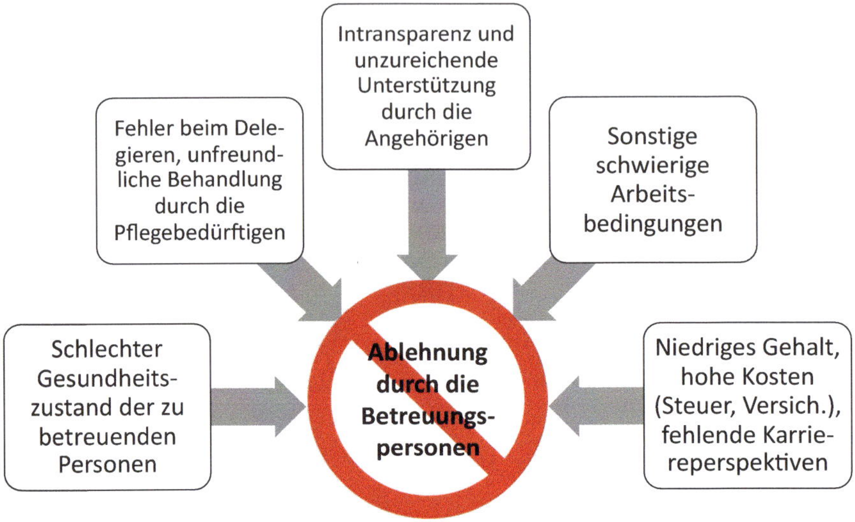

Abb. 6: Ursachen der Ablehnung der 24-Stunden-Betreuung durch die Betreuungspersonen

Manchmal fällt es den betreuten Personen und/oder Angehörigen schwer, die von ihnen bisher übernommenen Aufgaben zu *delegieren*. Sie haben nicht das nötige Vertrauen in die Aufgabenerfüllung der Betreuungskräfte und wollen auf Nummer Sicher gehen. Oder sie meinen, es besser und schneller zu können, und dass Erklärungen länger dauern als die eigentliche Aufgabenerledigung. Für die Betreuungspersonen sind die unklare Aufgabenabgrenzung, das Misstrauen in ihre Kompetenzen und das ständige Einmischen, das als Kritik empfunden wird, unangenehm. Sie fühlen sich nicht respektvoll und mit der nötigen Wertschätzung behandelt. Bei der Äußerung von Wünschen, der Kontrolle der Haushaltsführung und Kritik ist also Vorsicht geboten.

Ebenso wird von den Betreuungskräften die *mangelnde Anerkennung* ihrer Arbeit im Haushalt beklagt. Es kann zu einer schlechten Arbeitsatmosphäre mit Demütigungen, Streit und sogar Gewalt kommen. Auch sexuelle Belästigungen durch die betreuten Personen oder die Familienangehörigen kommen gelegentlich vor. Auf der anderen Seite gibt es manchmal eine enge Freundschaft oder Liebesbeziehung zwischen der betreuten Person bzw. einem Angehörigen und einer Betreuungskraft, wodurch sich die andere Betreuungskraft zurückgesetzt fühlt und den Gleichbehandlungsgrundsatz gefährdet sehen kann.

Die *Beziehungen zwischen den sich abwechselnden Betreuungskräften* sind ebenfalls nicht immer harmonisch. Konflikte ergeben sich, wie bereits vorstehend erwähnt, vor allem dann, wenn eine Betreuungsperson den Eindruck hat, dass die andere ihre Arbeit nicht engagiert, kompetent und korrekt verrichtet. Das kann sich in der Vernachlässigung der betreuten Person äußern, oder es kann sein, dass nach dem Turnuswechsel erst einmal liegen gebliebene Arbeit der anderen Betreuungskraft erledigt werden muss. Animositäten können auch aufgrund unterschiedlicher Persönlichkeitsmerkmale, Einstellungen, Interessen, Wertvorstellungen und Toleranzschwellen entstehen. Häufig treten diese Konflikte versteckt, manchmal aber auch offen auf.

Bezüglich der *Arbeitsbedingungen* sind fehlende oder unfaire Arbeitszeit- und Freizeitregelungen das Hauptproblem.

Nicht selten wird von den Betreuungspersonen eine Rund-um-die-Uhr-Bereitschaft erwartet, und ihre Nachtruhe wird wegen Insomnie der betreuten Personen (häufig bei Demenz) gestört. Manchmal werden auch nicht dem Berufsbild entsprechende Arbeiten verlangt, wie zum Beispiel das Waschen und Bügeln der Kleidung von Angehörigen, Rasenmähen oder Auto waschen. Es kommt sogar relativ häufig vor, dass die Betreuungskräfte keine ausreichende Möglichkeit zur Körperhygiene haben und dass sie ihre Wäsche nicht in einer Waschmaschine waschen können. Eine gute Übersicht über die Belastungsfaktoren, die auf einer Befragung von 2.275 Betreuungspersonen in Österreich basiert, bieten Schaffhauser-Linzatti et al. (36)

Bei der *Aushandlung des Werkvertragshonorars* sind die Betreuungskräfte bzw. ihre Vermittlungsagenturen und die Betreuungspersonen bzw. ihre Angehörigen völlig frei. Bei selbstständigen Betreuungskräften gibt es keine gesetzlichen Vorschriften, die einen Mindestbetrag abhängig von der Pflegebedürftigkeit vorschreiben. Das kann dazu führen, dass besonders sparsame (geizige) Pflegebedürftige bzw. deren Angehörige versuchen, die Preise unter das Marktniveau zu drücken. Agenturen bieten manchmal zur Kundengewinnung anfangs besonders günstige Preise an, die dann später erhöht werden. Die empfohlenen Tagespauschalen für die Betreuung sind unverbindliche Richtwerte. Auch wegen der Konkurrenz kommt es zu Preisdumping und in der Folge zur zunehmenden Anwerbung entsprechend „billiger“, wenig qualifizierter Kräfte. Oft erkennen die Betreuungskräfte erst nach längerer Zeit am Einsatzort, dass sie vergleichsweise schlecht bezahlt werden. Wurde ein Pauschalbetrag für die Dienste der Agentur und der Betreuungskräfte vereinbart, und der Agentur eine Inkassovollmacht eingeräumt, dann ist ein nicht den Anforderungen und dem Markt entsprechender Preis durch die Betreuungsbedürftigen bzw. deren Angehörige nicht ohne weiteres erkennbar. So kann es beispielsweise sein, dass von einer vereinbarten Tagespauschale von 90 Euro nur 60 Euro von der Agentur an die Betreuungskraft gezahlt werden, und dass die Betreuungskraft lange auf die Überweisung warten muss. Dass solche Praktiken zu einer hohen Unzufriedenheit und einer Kündigung bei der Agentur und dem Haushalt führen können, ist naheliegend.

Von gewerkschaftlicher Seite werden darüber hinaus *der fehlende arbeitsrechtliche Schutz und die mangelnde soziale Absicherung bei Werkverträgen* kritisiert. Da die Betreuungskräfte ihren Hauptwohnsitz im Ausland haben, sind sie zudem hinsichtlich ihrer Pensionsansprüche wesentlich schlechter gestellt als inländische Arbeitskräfte.

1.3 Kosten der 24-Stunden-Betreuung

Die Abb. 7 zeigt die Kosten, die für einen Haushalt (Pflegebedürftige bzw. deren Angehörige) bei Inanspruchnahme der 24-Stunden-Betreuung entstehen.

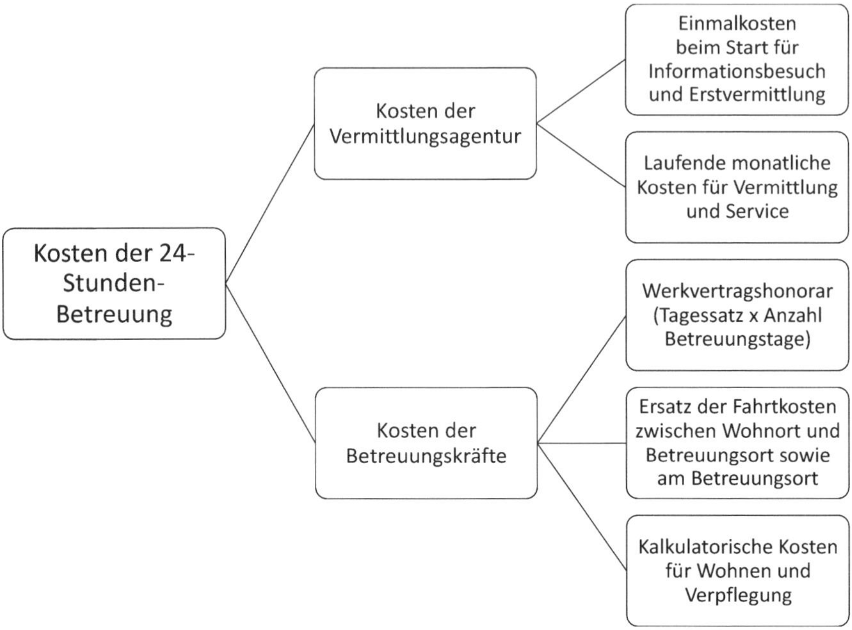

Abb. 7: Kosten der 24-Stunden-Betreuung

Große seriöse Agenturen legen nach einem Informationsgespräch, der Überprüfung des Betreuungsortes und einer Wohnraumbesichtigung ein Angebot, das für die Langzeitbetreuung durch zwei sich abwechselnde Betreuungskräfte eine Vermittlungspauschale von bis zu 3.500 Euro pro Jahr (monatlich abgerechnet) und für die Betreuungskräfte ein Honorar von zirka 2.000 – 3.000 Euro für vier Wochen Betreuung vorsieht (Tagespauschale 65 – 100 Euro). Die Höhe der Tagespauschale richtet sich nach den Anforderungen der jeweiligen Stelle (Anzahl der Personen im Haushalt, Anzahl und Gesundheitszustand der zu betreuenden Personen). Feiertage und Turnuswechseltage werden manchmal doppelt bezahlt. Der Tagessatz enthält den Sozialversicherungsbeitrag, den die Betreuerinnen selbst abführen.

Die Bedarfserhebung erfolgt im Rahmen des oft kostenlosen Erstgesprächs. Durch die Vermittlungspauschale sind alle Kosten abgedeckt, sowohl die Begleitung und die Qualitätskontrolle als auch Neuvermittlungen durch einen Wechsel der Betreuungspersonen. Dazu kommen noch die Kosten für die Fahrten der Betreuungskräfte von ihrem Wohnort zum Betreuungsort und zurück sowie die Fahrtkosten am Betreuungsort. Die Fahrtkosten werden oft unmittelbar, das Honorar wird monatlich oder am Ende des Turnus entsprechend der Honorarnote direkt an die Betreuungspersonen bezahlt (wenn die Agentur keine Inkasso-Vollmacht hat).

Die Abb. 8 zeigt die Preise einer großen österreichischen Vermittlungsagentur eines gemeinnützigen Trägers.

Empfohlene Tagessätze für eine Betreuerin je nach Tätigkeiten/Leistungen			
Zubereitung von Mahlzeiten	X	X	X
Erledigung von Einkäufen, Botengängen	X	X	X
Hausarbeiten, Reinigungstätigkeiten	X	X	X
Versorgung eines Haustiers	X	X	X
Gesellschaft leisten	X	X	X

Empfohlene Tagessätze für eine Betreuerin je nach Tätigkeiten/Leistungen			
einfache Hilfestellung bei Pflegetätigkeiten	X	X	X
Unterstützung bei Pflegetätigkeiten		X	X
einfache Mobilisation		X	X
Delegation ärztlich einfach (Blutdruckkontrolle, ...)		X	X
Betreuung bei Demenz		X	X
Pflege inkl. Delegationen und Prophylaxen			X
Mobilisation mit Delegation (Transfer, Lagerung, Bettlägerigkeit, ...)			X
Delegation ärztlich komplex (Verabreichung von Medikamenten, Insulin, O_2, ...)			X
Betreuung bei betreuungsintensiver Demenz			X
Unterstützung in der Nacht			X
Richtwert	**ab 75 €**	**ab 85 €**	**ab 95 €**
Ehepaar, eine zu betreuende Person, zweite Person im Haushalt (Mitversorgung Haushalt, Wäsche, Kochen, ...)	X	X	X

Empfohlene Tagessätze für eine Betreuerin je nach Tätigkeiten/Leistungen			
Ehepaar, zwei zu betreuende Personen (einfache, wenige Pflegehandlungen)		X	X
Ehepaar, zwei zu betreuende Personen (Pflegehandlungen inkl. Delegation)			X
Richtwert	**ab 95 €**	**ab 105 €**	**ab 115 €**

Preise für Erstbesuch, Vermittlung und Monats-Servicepauschale	
Einmalpauschale für Erstbesuch	159 €
Einmalpauschale Vermittlung: pro Personenbetreuerin bei Start	405 €
Monatspauschale bei einer Betreuerin	243 €
Monatspauschale bei zwei Betreuerinnen	286 €
Aufschlag für 2. Person im Haushalt (pro Monat)	106 €

Abb. 8: Preise einer großen, renommierten Vermittlungsagentur 2023

Kleinere Agenturen sind meist billiger, die Tagespauschalen betragen 50 – 70 Euro. Allerdings investieren diese oft einen weitaus geringeren Aufwand in die Personalsuche und -auswahl und in die Kundenbetreuung. Die vermittelten Kräfte sprechen oft nur gebrochen Deutsch, sind unerfahren und haben kaum

Kenntnisse bezüglich der Betreuung von älteren, gebrechlichen Menschen, insbesondere solchen mit Demenz.

Die Abb. 9 zeigt beispielhaft die von einer großen, zertifizierten Agentur und ihren unterschiedlich erfahrenen Betreuungskräften in Rechnung gestellten Betreuungskosten pro Monat (30 Tage), und die mögliche staatliche Unterstützung je nach Pflegestufe (Pflegegeld und Zuschuss für zwei selbstständig erwerbstätige Betreuungskräfte ab Pflegestufe 3). In den Kosten sind 300 Euro Servicepauschale/Monat und 200 Euro Transferkosten/Monat enthalten. Nicht berücksichtigt sind die kalkulatorischen Kosten für Unterkunft und Verpflegung der Betreuungskräfte sowie, dass staatliche Feiertage und Turnuswechseltage manchmal doppelt bezahlt werden.

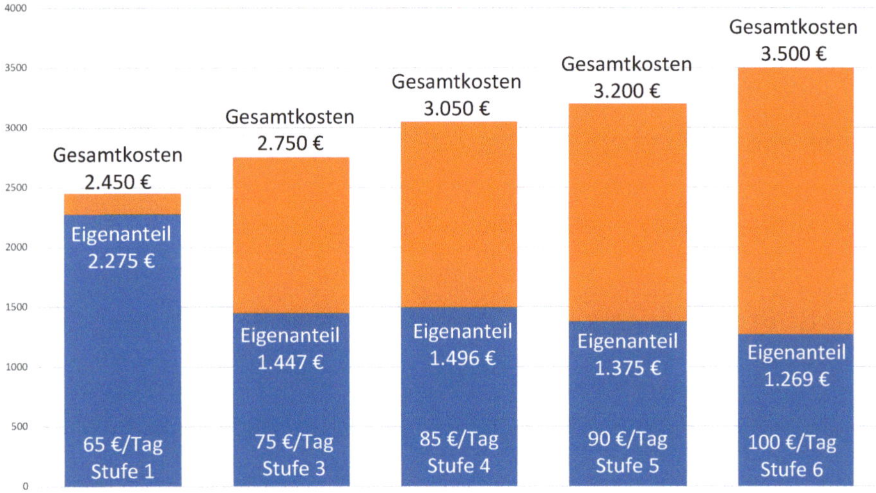

Abb. 9: Monatliche Betreuungskosten je nach Erfahrung der Betreuungskräfte und die mögliche staatliche Unterstützung je

nach Pflegestufe der zu betreuenden Personen (roter Balkenteil), Stand: November 2023

Die *Betreuungskräfte* bezahlen bei großen renommierten Agenturen typischerweise für den mit der Ersteinstellung verbundenen Aufwand eine Pauschalgebühr (zum Beispiel bei der Caritas 320 Euro) und eine Jahresgebühr für den Vermittlungs- und Betreuungsaufwand (zum Beispiel bei der Caritas im Jahr 402 Euro, Stand: 2023). Oft wird den Betreuungskräften in Kooperation mit einer großen Versicherung eine Berufshaftpflichtversicherung auf Basis eines Gruppenvertrages angeboten (zum Beispiel bei der Caritas um 36 Euro jährlich). Sie können sich sowohl in ihrem Herkunftsland als auch in ihrem Zielland bei Fragen an regionale Niederlassungen ihrer Agentur wenden.

In der Praxis finden sich bezüglich der Bezahlung der Vermittlungsagenturen viele verschiedene *Erlösmodelle*. Entweder müssen die Vermittlungsgebühren komplett von den zu betreuenden Personen (bzw. ihren Angehörigen) oder von den Betreuungskräften übernommen werden, oder die Agentur teilt diese zwischen den Beteiligten nach unterschiedlichen Schlüsseln auf. Manche Agenturen werben beispielsweise damit, dass die Vermittlung für die Nachfrager von Betreuungsdienstleistungen kostenlos sei, übernehmen das Inkasso des Honorars für die von ihnen vermittelten Betreuungskräfte und behalten davon aber einen Teil für ihre Vermittlungsdienste.

Die Kosten können teilweise durch die *bundesstaatliche Förderung* gedeckt werden. Je nach Pflegebedürftigkeit beträgt das monatliche Pflegegeld in Deutschland 316 Euro bis 901

Euro, in Österreich 175 Euro bis 1.879,50 Euro (Stand 2023, Näheres im Abschnitt 2.2.5). In Österreich gibt es zusätzlich bei der Beschäftigung von selbstständigen Betreuungspersonen einen Zuschuss von 400 Euro pro Monat und Betreuungsperson, maximal 800 Euro pro Monat (dies entspricht zwei Betreuungspersonen). Der *Eigenbeitrag* des Haushalts beträgt nach Abzug der staatlichen Förderung je nach Pflegestufe zirka 1.200 Euro bis 1.600 Euro monatlich (ohne Einbeziehung von Kost und Logis für die Betreuungskräfte).

1.4 Fallstudie: Auswahl einer Vermittlungsagentur

Anna ist 82 Jahre alt und lebt in Wien.[3] Vor zwölf Jahren haben ihre Familie und Freunde ihre zunehmenden Wortfindungsstörungen bemerkt, vor zehn Jahren wurde vom Facharzt Alzheimer diagnostiziert. Seitdem hat sie ihr Ehemann, mit dem sie seit 58 Jahren verheiratet ist, allein zu Hause betreut.

Laut *Reisberg-Skala* zur Beurteilung des Fortschreitens der Alzheimerkrankheit befindet sich Anna in Phase 6 (mittelschwere Demenz) der siebenstufigen Skala (siehe Abb. 10 auf Seite 56). Diese auch als Global Deterioration Scale (GDS) bekannte Einteilung der Krankheitsstadien wurde von Barry Reisberg, Psychiatrie-Professor an der New York University, erstmals 1982 publiziert und ist in psychiatrischen Kliniken und in

[3] Siehe Nachtigall, L.: Anna, Alzheimer und ich. Bericht eines pflegenden Angehörigen über ein glückliches, erfülltes Leben, myMorawa von Dataform Media GmbH, 2. Auflage, Wien 2022.

der Pflegewissenschaft und -praxis zur Patienteneinstufung weit verbreitet. Der Krankheitsverlauf wird ähnlich einer „umgekehrten Kindheitsentwicklung“ (Retrogenese) anhand typischer Charakteristika beschrieben. Die von außen erkennbare Demenz beginnt mit der Phase 3.

Merkmale der *Phase 6* sind, dass die dementen Personen Hilfe beim Anziehen ihrer Kleidung und beim Baden/Duschen (Temperatureinstellung) benötigen, aufgrund ihrer Inkontinenz die Toilette nicht ordnungsgemäß benutzen, keine Kenntnis von Alltagsgegebenheiten wie der Adresse oder dem Wetter besitzen und sich an ihren Lebenslauf (Namen ihrer Eltern, Geschwister, Geburtsort, Schule, Beruf usw.) nicht mehr erinnern können. Sie kennen in dieser Phase meist noch ihren eigenen Namen; andere Personen, auch nächste Familienangehörige, werden aber nicht mehr erkannt.

Rechenaufgaben können nicht mehr gelöst werden, rückwärts zählen von 10 bis 1 ist schwierig. Die Fähigkeit, Sätze und Worte zu artikulieren, wird zunehmend eingeschränkt. Es kann zu Stottern, Neologismus, Erfindung neuer Wörter und weiteren Sprachmängeln kommen.

Damit sind häufig Verhaltensveränderungen verbunden. Zum Beispiel können die dementen Personen in dieser Phase ihre Energien nicht mehr auf produktive Aktivitäten konzentrieren und beginnen, sinnlose Dinge zu tun. Ein Beispiel ist das häufige, zwanghafte Reinigen desselben Bereichs. Wegen ihrer Ängste, Frustrationen und Scham kann es zu Wortgefechten, Drohungen und Gewalt kommen.

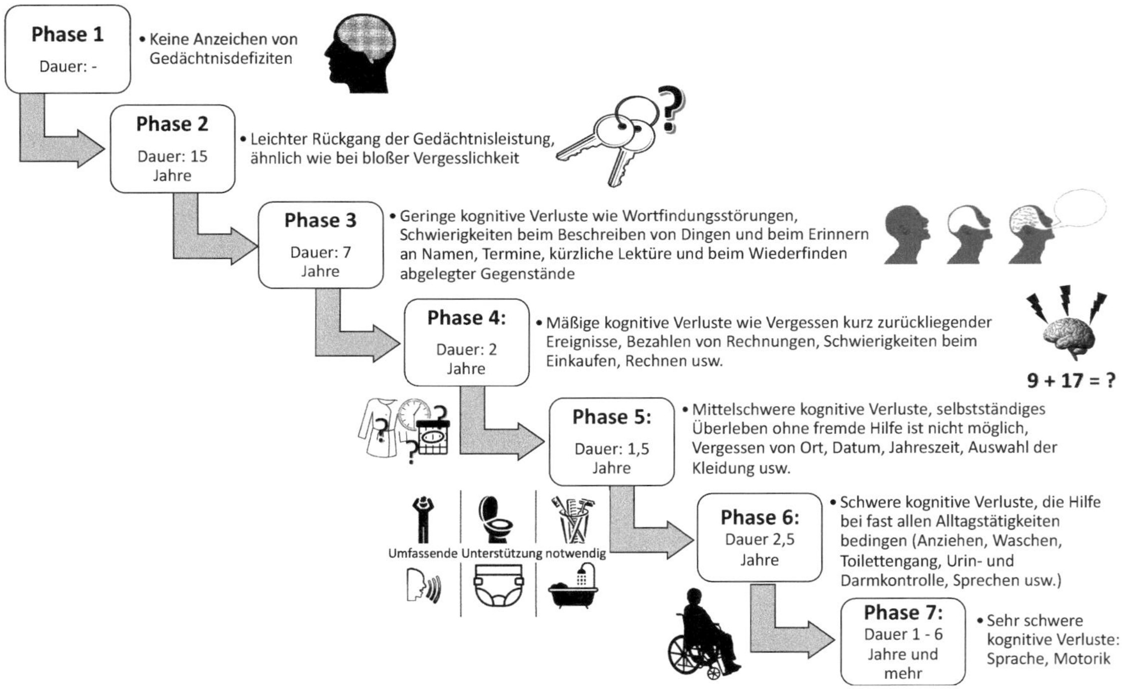
Phase 1
Dauer: -
• Keine Anzeichen von Gedächtnisdefiziten
Phase 2
Dauer: 15 Jahre
• Leichter Rückgang der Gedächtnisleistung, ähnlich wie bei bloßer Vergesslichkeit
Phase 3
Dauer: 7 Jahre
• Geringe kognitive Verluste wie Wortfindungsstörungen, Schwierigkeiten beim Beschreiben von Dingen und beim Erinnern an Namen, Termine, kürzliche Lektüre und beim Wiederfinden abgelegter Gegenstände
Phase 4:
Dauer: 2 Jahre
• Mäßige kognitive Verluste wie Vergessen kurz zurückliegender Ereignisse, Bezahlen von Rechnungen, Schwierigkeiten beim Einkaufen, Rechnen usw.
9 + 17 = ?
Phase 5:
Dauer: 1,5 Jahre
• Mittelschwere kognitive Verluste, selbstständiges Überleben ohne fremde Hilfe ist nicht möglich, Vergessen von Ort, Datum, Jahreszeit, Auswahl der Kleidung usw.
Umfassende Unterstützung notwendig
Phase 6:
Dauer 2,5 Jahre
• Schwere kognitive Verluste, die Hilfe bei fast allen Alltagstätigkeiten bedingen (Anziehen, Waschen, Toilettengang, Urin- und Darmkontrolle, Sprechen usw.)
Phase 7:
Dauer 1 - 6 Jahre und mehr
• Sehr schwere kognitive Verluste: Sprache, Motorik

Abb. 10: Reisberg-Skala, auch bekannt als Global Deterioration Scale (18)

Weil sie auf Unterstützung angewiesen sind, entwickeln sie oft die Angst, allein gelassen zu werden. Solche Symptome können jedoch meist durch entsprechende Aktivitäten und Medikamente behandelt werden. Die durchschnittliche Dauer dieser Phase 6 beträgt ungefähr 2,5 Jahre. Siehe hierzu (18).

Mit Ausnahme von Stottern und aggressivem Handeln treffen alle diese Merkmale auf Anna zu. Das äußert sich oft in Hoppalas und Verwechslungen, die zugleich lustig und traurig sind. Zum Beispiel, wenn Anna statt einer Jacke ein Einkaufssackerl aus Stoff anziehen will, wenn sie auf der Straße oder im Park Unbekannte umarmt und küsst (fast immer nur junge Männer!), wenn sie großgewachsenen Fremden im Supermarkt folgt (weil sie diese mit ihrem Ehemann verwechselt), wenn sie dasselbe Verb für alle möglichen Tätigkeiten verwendet („schlafen" für „wohnen", „spazieren gehen", „fahren", „fliegen", „essen" ...) oder wenn sie gänzlich neue Wörter bildet („schlaufen").

Vor zwei Jahren musste sich ihr Ehemann Lorenz einer Hüftoperation unterziehen. Weil voraussehbar war, dass er während der anschließenden zirka dreimonatigen Genesungszeit Anna nicht adäquat pflegen konnte und sich der Gesundheitszustand Annas zunehmend verschlechterte, hat er vorher begonnen, eine 24-Stunden-Betreuung zu Hause zu planen.

Weil ein Werkvertrag mit selbstständig tätigen Betreuungskräften die größte Auswahl und Flexibilität bietet, mit akzeptablen Kosten und mit dem geringsten administrativen Aufwand verbunden ist, hat sich Lorenz bei der Einholung von Angeboten darauf beschränkt. In Österreich gab es damals laut Wirtschaftskammer 915 registrierte Vermittlungsagenturen für 24-Stunden-Betreuungskräfte, davon 123 mit Sitz in Wien. Der Markt war und ist undurchsichtig. Es gibt keine Betriebsgrößenstatistiken, die die Agenturen nach Zahl der Beschäftigten, Zahl der vermittelten Betreuungskräfte, Zahl der betreuten Personen bzw. Familien und Umsatz klassifizieren. Auch die Agenturen selbst publizieren nur selten solche Kennzahlen. Tatsächlich sind laut Branchenkennern von den über 900 registrierten Agenturen nur zirka 200 mit nennenswerter Geschäftstätigkeit aktiv und verfügen über einen eigenen Webauftritt. Es gibt nur ungefähr zehn große Vermittlungsagenturen, die österreichweit einige hundert Familien betreuen (meist 300 – 350). Die größte ist nach Eigenangaben cura domo mit aktuell zirka 1.200 betreuten Familien und rund 2.500 aktiven Betreuungskräften.

Bei einem Test von 26 Vermittlungsagenturen durch den Verein für Konsumenteninformation (VKI) im Jahr 2018 wirkte die Geschäftsgebarung der Mehrheit der Agenturen intransparent und wenig vertrauenserweckend. Bei den Preisen für die Vermittlung und bei den Gehältern der Betreuungskräfte gab es eine enorme Schwankungsbreite, ebenso bei den zusätzlichen Fahrkosten, für die von 50 bis über 400 Euro in Rechnung gestellt wurden.

Dementsprechend schwierig war und ist die *Auswahl der in Frage kommenden Agenturen* – für die Nachfrager (zu betreuende Personen und ihre Angehörigen) ebenso wie für die Anbieter von Betreuungsdienstleistungen (24-Stunden-Betreuungskräfte). Im Internet bieten Vergleichsdienste für die Nachfrager kostenlose Beratung an, die dann von den empfohlenen Vermittlungsagenturen bezahlt werden. Im vorliegenden Fall waren die Empfehlungen von Alzheimer Austria sehr hilfreich. Betreuungskräfte tauschen in Internet-Foren ihre Erfahrungen über Vermittlungsagenturen aus.

Ein wesentliches Problem bei kleinen Agenturen ist die fehlende Bestandsgarantie aufgrund der hohen Insolvenzrate. Beispielsweise hat eine solche kleine Agentur, mit der Lorenz früher schon korrespondiert hatte und deren Eigentümer auf ihn einen sehr guten Eindruck gemacht hat, einfach nicht mehr auf seine E-Mails geantwortet. Meist sind kleine Agenturen auch nicht staatlich zertifiziert und damit nicht an die Standards des Österreichischen Qualitätszertifikats gebunden.

Nur bei einer zertifizierten, renommierten Agentur, die aus einem großen Pool von gut qualifizierten Betreuerinnen schöpfen kann, kann der Kunde einigermaßen sicher sein,

- dass er im Bedarfsfall Betreuungskräfte vermittelt bekommt, die seinen Anforderungen weitgehend entsprechen,
- dass bei unvorhergesehenen Ausfällen, zum Beispiel infolge von Krankheit, Einreisebeschränkungen, Kündigung usw., rasch eine Ersatzkraft bereitgestellt wird,

- dass den betreuten Personen bzw. ihren Angehörigen eine adäquate Beratung und Unterstützung in administrativer Hinsicht geboten wird,
- dass die ausgewählten Betreuungskräfte eingeschult, angemessen bezahlt und gut behandelt werden.

Die fachliche und persönliche Qualifikation der von den Agenturen vermittelten Betreuungskräfte ist extrem unterschiedlich. Insofern kommt der Auswahl der Vermittlungsagentur für die Eignung der Betreuungskräfte eine entscheidende Bedeutung zu.

Wegen der großen Zahl von Vermittlungsagenturen und der vielfach geringen Transparenz der Angebote hat Lorenz die *bestgeeigneten Agentur in einem stufenweisen Prozess* ausgewählt (siehe Abb. 11). Im ersten Schritt hat er eine Checkliste erstellt, die Kriterien für die Grobauswahl und die Feinauswahl enthält und hat diese gewichtet.[4] Im Zuge der Grobauswahl wurde die Zahl der in die nähere Betrachtung kommenden Agenturen anhand der Kriterien Betriebsgröße, Standort in Wien, Services, Zertifizierung und Kosten von insgesamt über

[4] Diese Gewichtung entspricht den jeweiligen individuellen Anforderungen. Ein Beispiel für eine allgemeine Gewichtung der Merkmale von Vermittlungsagenturen im Zuge eines Vergleichstests wird in (12) gezeigt. Dabei gingen die Kosten mit 40 Prozent, die Vertragsgestaltung mit 15 Prozent, die Transparenz des Vermittlungsprozesses mit 15 Prozent, die Reaktionszeit des Unternehmens, von der ersten Anfrage für eine 24 Stunden Betreuung bis zum konkreten Angebot einer Betreuungskraft, mit 10 Prozent und der Service mit 20 Prozent in das Testergebnis ein (einzelne Servicemerkmale mit 4 Prozent, wie das Vorhandensein einer 24/7-Hotline, eines Online-Kundenkontos, eines Online-Rechners zur Vorabberechnung der entstehenden Kosten und eine Kostengarantie).

900 in Österreich registrierten Agenturen auf zirka 20 reduziert. Die anschließende Feinauswahl beinhaltete eine Detailanalyse dieser 20 Agenturen anhand ihrer Internet-Auftritte sowie der Ergebnisse des VKI-Tests. Mit den fünf besten Agenturen wurden anschließend eingehende Informationsgespräche im Haushalt geführt, wobei auch erforderliche Vorbereitungsmaßnahmen, die Vertragsinhalte mit der Agentur und den Betreuungskräften sowie die Aufgaben und Merkmale der Betreuungskräfte erörtert wurden. Einzelheiten sind in der nachfolgenden Checkliste wiedergegeben.

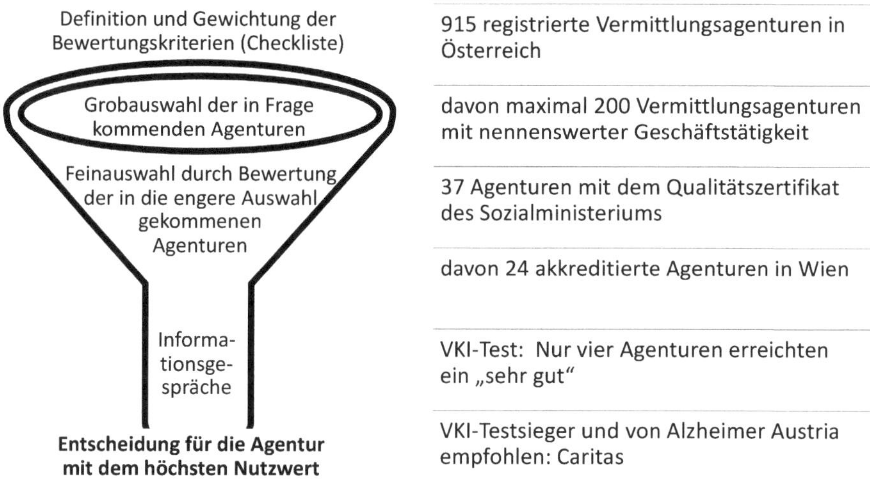

Abb. 11: Auswahl einer Vermittlungsagentur für 24-Stunden-Betreuung

Als die im vorliegenden Fall bestgeeignete Vermittlungsagentur wurde schließlich Caritas Rundum Zuhause betreut gewählt (siehe: www.caritas-rundumbetreut.at). Diese Agentur war auch im VKI-Test der Testsieger. Näheres zur Methode der Nutzwertanalyse folgt im nächsten Kapitel am Bespiel der Auswahl eines Pflegeheims.

Die von Lorenz gewählte Vermittlungsagentur der Caritas Österreich garantiert für die ausgewählten Kräfte eine zumindest heimhilfeähnliche Ausbildung, ausreichende Deutschkenntnisse und mindestens ein bis zwei Jahre Praxis in der Betreuung. Wie erwähnt hat der Kunde in der Regel keinen Einfluss auf die Auswahl und Bezahlung der Betreuungskräfte. Er „muss nehmen was kommt" und erfährt dies meist erst wenige Tage vorher. Die von der Agentur an den Kunden übermittelte Information ist rudimentär und beschränkt sich im Wesentlichen auf das Antrittsdatum (Tag), den Namen, das Alter, das Herkunftsland, die Sprachkenntnisse, eine eventuelle Pflegeausbildung und die Telefonnummer. Beim folgenden telefonischen Erstkontakt erfährt der Kunde dann die ungefähre Ankunftszeit.

Er kann jedoch Anforderungen definieren – je genauer er diese spezifiziert, desto geringer wird der Kreis der in Frage kommenden Betreuungspersonen. Lorenz hat diesbezüglich nur drei Wünsche geäußert: Nichtraucher, gegen Covid-19 geimpft und gute körperliche Konstitution (sportlich), damit die Begleitung von Anna auf ihren langen Spaziergängen problemlos möglich ist.

Schon allein der Nichtraucher-Wunsch reduzierte im vorliegenden Fall den Kreis der möglichen Betreuungskräfte um zwei Drittel, da nur zirka 30 Prozent der von der Caritas vermittelten Betreuungskräfte nicht rauchen. Ebenso waren zum Zeitpunkt der Erstbetreuung nur rund 30 Prozent der Betreuungskräfte gegen Covid-19 geimpft. Auch wenn man eine männliche Betreuungsperson wünscht, hat man schlechte Karten. Die genannten Verhältniszahlen dürften ebenso für andere Vermittlungsagenturen gelten.

Die erste, zur Betreuung von Anna zugeteilte Betreuerin, eine 51 Jahre alte, introvertierte Polin, war nicht geimpft. Die zweite Betreuerin, eine 47 Jahre alte Rumänin, hat die erste Impfung gegen Covid-19 zwei Tage vor ihrer Ankunft bekommen, was beunruhigend war, da die Infektionsrate in Rumänien damals – auf dem Höhepunkt der Pandemie – sehr hoch war. Die dritte und vierte Betreuerin, ebenfalls Rumäninnen von 57 und 59 Jahren, waren vollständig geimpft.

Die erforderliche soziale Kompetenz für die Betreuung einer Alzheimerkranken haben erst die dritte und vierte Betreuerin mitgebracht: Einfühlungsvermögen (Empathie), Geduld und Gelassenheit, Leistungsbereitschaft, Motivation, Konfliktlösungspotenzial, Belastbarkeit und Lernbereitschaft. Die ersten beiden Betreuerinnen waren auch nach ihrem Selbstverständnis bloße passive Haushaltshilfen, die im Gegensatz zur dritten und vierten Betreuerin auch nicht gut kochen konnten.

Ihre Hauptaufgabe, die Begleitung von Anna auf ihren langen Spaziergängen, haben alle Betreuerinnen perfekt erledigt. Tatsächlich erforderte die Begleitung der damals 80-jährigen Anna eine gute Kondition. Alle vier bisher in diesem Fall tätigen Betreuerinnen haben das trotz Vorinformation nicht in diesem

Ausmaß erwartet und gerieten – obwohl 20 bis 30 Jahre jünger – an die Grenzen ihrer Leistungsfähigkeit. Anna drängt morgens, mittags und abends nach den Mahlzeiten auf einen Spaziergang und geht damit täglich, begleitet von einer Betreuerin oder Lorenz, weit über 10.000 Schritte. An „Spitzentagen" war sie schon über 17.000 Schritte unterwegs, das entspricht 12 km!

Die ersten beiden Betreuerinnen empfanden die ständige Begleitung und den Umgang mit einer schwer dementen Patientin als zu anstrengend und haben nach Ablauf des ersten Turnus gekündigt (per SMS und im zweiten Fall nicht fristgerecht). Daraufhin wurde auf Rat der Caritas die Tagespauschale von 85 auf 95 Euro erhöht.

Die Betreuung von Anna während des einwöchigen Krankenhausaufenthalts ihres Ehemanns hat gut funktioniert. Ihr Sohn Bruno hat in dieser Zeit bei ihr gewohnt, die Betreuerin unterstützt, gekocht, eingekauft usw. Für ihn war es eine Herkulesaufgabe, da er daneben weiterhin seine Arbeit als Prüfer im Umweltbereich im Home-Office erledigen musste. Für Telefon- bzw. Videokonferenzen hat er sich immer im Esszimmer eingeschlossen, da Anna oft „dazwischenfunkt" – sie weiß ja nicht mehr, was Telefonieren ist, und kann nicht verstehen, dass man dabei mit einem bzw. mehreren entfernten Teilnehmern spricht und nicht gestört werden sollte. Bruno hat Anna stärker in ihre Schranken gewiesen als ihr Ehemann das tut, sie hat protestiert, aber sich gefügt (und sich heimlich bei Lorenz beschwert).

Es ist eine Illusion zu glauben, dass eine 24-Stunden-Betreuungskraft sich allein um eine schwer demente Person kümmern kann. Erstens geht das schon wegen des fairerweise im Werkvertrag festgelegten Freizeit- und Nachtruheanspruchs nicht, zweitens sind bei möglichen kurzfristigen Ausfällen die Angehörigen gefordert, drittens müssen diese infolge der hohen Fluktuation immer wieder für die Einschulung zur Verfügung stehen und viertens müssen sie bei unvorhersehbaren Fragen bzw. Problemen aushelfen.

Es hat sich infolge der zeitweisen Immobilität von Lorenz sehr bewährt, dass sich die vierwöchigen Anwesenheitszeiten der Betreuerinnen jeweils um einen Tag überlappt haben. Dadurch war eine optimale Einschulung der Nachfolgerin durch die Vorgängerin möglich.

Hilfreich war es, dass Lorenz für die Betreuungskräfte schriftliche *„Hinweise für die Betreuung von Anna“* erstellt und einen Ausdruck in ihr Zimmer gelegt hat (siehe die nachfolgende Checkliste).

Anna hat die 24-Stunden-Betreuungskräfte einigermaßen gut *akzeptiert*. Sie hat zwar anfangs und auch später immer wieder zu Lorenz gesagt, „wann gehen die endlich?“, „allein mit uns beiden war es viel schöner“ oder „das Essen war schrecklich“ - aber das war´s auch schon. Die Betreuungskräfte haben sich optimal verhalten, und auch Lorenz hat sich sehr bemüht, bei Anna keine Minderwertigkeits- oder Eifersuchtsgefühle aufkommen zu lassen. Trotzdem hat Anna nach fast dreimonatiger Betreuungszeit eines Abends gesagt: „Ich will, dass sie geht und dass wir wieder allein sind. ... Du findest sie besser als mich!" Und das, obwohl Anna die Betreuerin offensichtlich gern hatte, mit ihr viel gemeinsam unternommen und sie immer wieder umarmt und geküsst hatte!

Lorenz hatte in der Folge ein schlechtes Gewissen, wenn er sich intensiv mit der Betreuerin unterhalten hat oder wenn ihn diese „körpernah" gepflegt hat (zum Beispiel Pediküre, Rücken eincremen nach dem Duschen, Haare schneiden), und er hat sich diesbezüglich zurückgenommen.

Der mit einer 24-Stunden-Betreuungskraft zwangsläufig verbundene *Verlust an Privatsphäre* wurde von Anna kaum registriert. Für den mitbetreuenden Ehemann war das aber anfangs sehr wohl ein Problem. Außerdem mussten sich Anna und Lorenz an *Veränderungen* gewöhnen, die sich durch Unterschiede in der Erledigung hauswirtschaftlicher Tätigkeiten ergeben (zum Beispiel bezüglich Mahlzeiten, Ordnung in Schränken usw.), und sie mussten damit umgehen können, dass auch *Fehler* und Unzulänglichkeiten vorkommen. So war es beispielsweise im vorliegenden Fall ärgerlich, dass eine Betreuerin die drei schönsten Kaschmirpullover von Anna zwei Stunden in der Waschmaschine bei 60 Grad C gewaschen und sie dadurch verfilzt und auf Kindergröße reduziert hat.

Zwei Jahre nach Beginn der 24-Stunden-Betreuung sind solche Fehler schon lange vergessen und die anfänglichen Anpassungsprobleme sind längst bewältigt. Anna, ihr Ehemann und die Betreuungskräfte haben sich aneinander gewöhnt, sind gute Freunde geworden, kennen und respektieren ihre gegenseitigen Bedürfnisse und fühlen sich miteinander wohl. Lorenz ist dankbar für die Entlastung und die in den letzten Jahren vermissten Gespräche. Er hat das Gefühl, mit den beiden Betreuerinnen einen besonderen Glücksgriff getan zu haben: Sie sind freundlich und aufmerksam, liebevoll zu Anna, kompetent in der Pflege, perfekt in der Haushaltsführung und verwöhnen Anna und Lorenz mit ihren Kochkünsten. Ein wichtiger Punkt ist auch, dass sie Anna motivieren können, notwendige, aber für sie unangenehme Dinge zu tun (wie zum Beispiel bezüglich Körperpflege, Essen, der Witterung angepasste Kleidung).

Mit der *Vermittlungstätigkeit der Caritas,* insbesondere der anfänglichen Unterstützung bei Rückfragen (Hotline), der Vertragsgestaltung, der Anmeldung der Betreuungskräfte und dem Förderungsantrag an das Sozialministerium, ist Lorenz sehr zufrieden. Mittlerweile hat sich die Betreuung so gut eingespielt, dass er sich bei der regelmäßig eintreffenden Monatsrechnung fragt, warum und wofür er eigentlich immer noch zwölf Mal im Jahr 275 Euro bezahlt. Es ist eine Versicherungsprämie für den unvorhergesehenen Notfall, denkt er. Außerdem tut die Caritas so viel Gutes, dass man sie auch ohne Grund fördern sollte!

1.5 Checkliste für die 24-Stunden-Betreuung

Die folgenden Kriterien der Prüfliste beziehen sich auf selbstständig tätige Betreuungskräfte, die von einer Agentur vermittelt werden.

Vorbereitung

- **Grobauswahl der in Frage kommenden Vermittlungsagenturen**
    - Betriebsgröße (Anzahl und Qualifikation der Mitarbeiter, Betreuungskräfte und Anzahl der betreuten Familien)
    - Standorte (insbesondere Niederlassung am Betreuungsort)
    - Services (Vermittlung, Unterstützung bei administrativen Angelegenheiten, Hotline, Qualitätskontrolle)
    - Zertifizierung, Reviews, Renommee, Empfehlungen (zum Beispiel von Alzheimer Austria)
    - Kosten

- **Bereitstellung eines Wohn-/Schlafzimmers für die Betreuungskräfte**
    - Möbel (Bett mit einer guten Matratze, Bettdecke, Kopfkissen (Größe?), vier Garnituren Bettwäsche, Kleiderschrank, Tisch, Sessel, Spiegel)
    - Fernseher, Radio, Internet-Anschluss, Zugang zu einem Streaming-Dienst

- **Anfertigung schriftlicher Hinweise für die Betreuungspersonen mit folgenden Inhalten:**
    - Kontaktpersonen (Kinder und Nachbarn) mit ihren Telefonnummern und Adressen
    - Festnetztelefonbenutzung
    - Ersatzschlüssel für die Haus- und Wohnungstür

- Benutzung des Sprachservices (falls vorhanden, zum Beispiel Amazon Alexa) bzw. Radios, von Fernsehen und Internet
- Tagesablauf (inklusive der vorgesehenen Nachtruhe und Freizeit für die Betreuungskräfte)
- Gabe von Medikamenten
- Hilfe beim Ankleiden
- Körperpflege
- Begleitung auf Spaziergängen
- Waschen, Trocknen und Bügeln
- Haushaltsgeld: Für welche Zwecke (Einkäufe, Monatskarte für öffentliche Verkehrsmittel, Höhe, Abrechnung)
- Einkaufen
- Mahlzeiten
- Abwaschen
- Fütterung von Haustieren
- Blumen gießen
- Banken
- Kellerräume
- Notruf-Telefonnummern für medizinische Notfälle (Rettung), des Hausarztes, der Tierklinik, der Polizei und der Feuerwehr

- **Vorüberlegungen zur familiären Integration der Betreuungspersonen**
  - Mitbestimmung des Tagesablaufs, insbesondere der Mahlzeiten (was, wann, wie?)
  - Einkauf von Lebensmitteln für persönliche Bedürfnisse

- Teilnahme an den Mahlzeiten
- Teilnahme am Familienleben, Fernsehen usw. im Wohnzimmer
- „Benutzungsordnung“ für Bad und Toilette
- Mitnahme zu Veranstaltungen und Ausflügen usw.
- Anfertigung von drei Schlüsselbünden (Haus-, Wohnungs-, Keller- und Postkastenschlüssel) für die Betreuungskräfte, ein Paar als Ersatz für den Verlustfall, eventuell auch Schlüsselfinder wie Apple AirTags am Schlüsselbund
- Sichere Verwahrung von Wertsachen
- Wichtige Dokumente, Schmuck und sonstige selten gebrauchte Wertgegenstände in einen Banksafe bringen
- Anschaffung von zwei Möbeltresoren, um zuhause Bargeld, Kreditkarten, Schlüssel, Schmuck und andere Wertsachen für Dritte unzugänglich aufbewahren zu können (für die Schlafzimmer der Betreuungsbedürften/Angehörigen und der Betreuerinnen)

- **Bevorratung (auch für den Quarantänefall)**
  - Einkaufen und Einlagerung von lang haltbaren Nahrungsmitteln, Getränken, Kosmetika usw.
  - Vorkochen und Einfrieren von Lieblingsgerichten
  - Einkaufen von Hundenahrung für mehrere Wochen
  - Genügend Bargeld zu Hause

Hinweise: Die Betreuungskräfte besitzen oft keinen Führerschein, wodurch das Einkaufen von Mineralwassergebinden und ähnlichen schweren Produkten schwierig sein kann. Manche wollen bar bezahlt werden.

Entscheidung für eine Vermittlungsagentur (Kriterien für die Feinauswahl)

- Gewerbeberechtigung zur Vermittlung von Personenbetreuung (wo ersichtlich?)
- Internet-Auftritt (Gestaltung und angebotene Services, wie Online-Rechner zur Kostenschätzung)
- Eigentümer
- Zertifizierung (Qualitätszertifikat für Vermittlungsagenturen in der 24-Stunden-Betreuung)
- Standorte, insbesondere Präsenz am Wohnort (Anschriften)
- Kontaktarten (Telefon, E-Mail, Skype, WhatsApp ...) und Kontaktzeiten, Antwortzeiten und -qualität (Hotline)
- Kontaktmöglichkeiten im Notfall
- Betriebsgröße (Anzahl der Mitarbeiter, der verfügbaren Betreuungskräfte und der Kundenfamilien)
- Referenzen
- Durchschnittliche und maximale Zeitdauer bis zur Vermittlung von Betreuungskräften
- Auswahl der Betreuungskräfte, insbesondere Mitwirkung der Pflegebedürftigen und häuslichen Pflegekräfte
- Unterstützung der Betreuungskräfte in rechtlicher/administrativer (Gewerbeanmeldung, Versteuerung, Sozialversicherung usw.), logistischer und sozialer Hinsicht (bei Überforderung, familiären Problemen, Kundenbeschwerden usw.)
- Vorbereitung der Betreuungskräfte und Einführung vor Ort
- Organisation der An- und Abreise der Betreuungskräfte (von Tür zu Tür)

- Probezeit bzw. Probewoche vor Ort
- Austausch der Betreuungskräfte bei mangelnder Akzeptanz
- Zeitlicher Wechsel der Arbeitskräfte (mehrwöchiger oder mehrmonatiger Turnus) und gegenseitige Abstimmung, Urlaub
- Kurzfristige Kompensierung des Ausfalls von Betreuungskräften (Ersatzstellung)
- 24-Stunden-Hotline

Vertragsinhalte

Vermittlungsvertrag mit der Agentur und Werkvertrag mit den Betreuungskräften

- Aufgaben- und Leistungsbeschreibung
- Kostenaufschlüsselung der Agentur (Vermittlung und Unterstützung der Betreuungskräfte und des Kunden)
    - Einmalige und laufende Kosten
    - Vermittlung und Zusatzleistungen (welche?)
    - Preiserhöhungen möglich
    - Preis-/Leistungsverhältnis
- Kostenaufschlüsselung der Betreuungskräfte
    - Monats- oder Tagessatz für die Betreuungsleistung
    - Preiserhöhungen möglich
    - Einhaltung des Mindestlohns
    - Telefon- und Internet-Nutzungskosten

    - Heimfahrten (pauschal oder nach Abrechnung, freie Transportmittelwahl?)
    - Sonstige Kosten (welche?)
    - Preis-Leistungs-Verhältnis
- Widerrufsrecht
- Vertragsdauer
- Kündigung durch den Kunden und den Anbieter (ohne Begründung, kurze bzw. lange Frist)
- Pausieren des Vertrags bei Auslands- oder Krankenhausaufenthalt
- Vertragsende im Todesfall
- Arbeitszeit und Freizeit (aus Gründen der Fairness sollten auch für selbstständige Betreuungskräfte die Bestimmungen des österreichischen Hausbetreuungsgesetzes angewendet werden)
    - tägliche Ruhezeit von 10 Stunden und tägliche Ruhepausen von insgesamt 3 Stunden
    - zwischen 21 Uhr und 6 Uhr ein Nachtarbeitsverbot
    - ein freier Nachmittag (ab 14 Uhr) pro Woche und ein freier Sonntag in zwei Wochen
    - Maximalarbeitszeit am nicht freien Sonntag sechs Stunden
    - Individuell vereinbarter Wochen- und Tagesplan (Rahmenpläne)
    - Turnusdauer und Flexibilität bei Urlaubsaufenthalten
- Haftung
    - Betreuungskräfte

    - Vermittlungsagentur (Nachweis einer Betriebshaftpflichtversicherung)
- Nachweis des Gewerbescheins und der Sozialversicherung
- Gerichtsstand (Einsatzort) und Wahl des anwendbaren Rechts (Deutschland, Österreich ...)
- Pönale bei Nichteinhaltung der Verträge
- Kontakt mit den Betreuungskräften und der Vermittlungsagentur

Aufgaben der Betreuungskräfte

- Haushaltsführung
    - Einkaufen
    - Kochen
    - Spülen
    - Waschen
    - Bügeln
    - Abfallentsorgung
    - Putzen
    - Betten machen
    - Medikamenteneinnahme unterstützen
    - Haustiere täglich mit Nahrung und frischem Wasser versorgen, falls nötig Fellpflege
    - Zimmerpflanzen gießen
- Betreuung der Pflegebedürftigen

    - Aufpassen, dass der Pflegebedürftigen nichts passiert
    - Unterstützung beim An- und Auskleiden
    - Unterhaltung, zum Beispiel gemeinsames Fernsehen, Spielen, Sudoku
    - Zuhören und Applaudieren beim Klavierspiel
    - Begleitung, wenn die Pflegebedürftige das Haus verlässt
- Begleitung außer Haus
    - Hilfe beim Gehen
    - Einkaufen
    - Wanderungen bzw. Spaziergänge
    - Mit dem Hund äußerln gehen
    - Arzt-, Behörden- und Krankenhaus-Besuche

  <u>Wichtig: Die Pflegebedürftige darf nicht allein die Wohnung verlassen!</u>

- Unterstützung bei der Körperpflege
    - Waschen, Duschen
    - Haare waschen und färben
    - Fußpflege, Fingernägel schneiden und pflegen
    - Inkontinenzversorgung

Merkmale der Betreuungskräfte

- Alter, Geschlecht, Herkunftsort, Heimatanschrift (Ausweiskopie)

- Bildungsniveau
- Familiäre Verhältnisse
- Raucher/Nichtraucher
- Impfstatus Grippe, Covid-19, Hepatitis A/B ...
- Selbstständigkeit, auch bezüglich An- und Abreise
- Gute körperliche Konstitution, hohe Mobilität
- Einfühlungsvermögen, Empathie, Einhaltung ethischer Pflegegrundsätze, Geduld, Kommunikationsfähigkeiten
- Ehrlichkeit, Vertrauenswürdigkeit, Pünktlichkeit und Zuverlässigkeit
- Sprachkenntnisse/Niveau (Deutsch und andere, vertraglich abgesichert)
- Erfahrung bezüglich der obigen Leistungsanforderungen (wie lange schon bei der derzeitigen Agentur und früheren Agenturen?)
- Erfahrung bezüglich der Betreuung von Demenzkranken
- Erfahrung in der allgemeinen Krankenpflege
- Erfahrung im Konfliktmanagement
- Erfahrung mit Hunden
- Verfügbarkeit (Zeitdauer der Betreuungsabschnitte und der Periode insgesamt)
- Besondere Anforderungen bezüglich Kost und Logis (zusätzliche Zimmerausstattung? Benutzung des Wohnzimmers vorgesehen? Benutzung von Telefon und Internet?)
- Abrechnung von Ausgaben (Haushaltsbuch)
- Schlüsselverwaltung (Übergabe, Mitnahme, Verlust)
- Führerschein

- Abstimmung mit der Ko-Betreuungskraft
- Referenzen

1.6 Literatur zur 24-Stunden-Betreuung

1) Amnesty International Österreich (Hrsg.): Kampagne 2021/22 „Gemeinsam für faire Arbeitsbedingungen in der 24h-Betreuung", https://www.amnesty.at/mitmachen/kampagnen/gemeinsam-fuer-faire-arbeitsbedingungen-in-der-24h-betreuung/

2) Aulenbacher, B., Lutz, H., Schwiter, K. (Hrsg.): Gute Sorge ohne gute Arbeit? Live-in-Care in Deutschland, Österreich und der Schweiz, Beltz Juventa, Weinheim und Basel 2021. Projektveröffentlichung: https://www.beltz.de/fachmedien/sozialpaedagogik_soziale_arbeit/produkte/details/44322-gute-sorge-ohne-gute-arbeit.html

3) Assisting Hands, Blog von jpanayotov: How to Respond When Elderly Relatives Refuse Home Care, https://assistinghands.com/20/illinois/hinsdale/blog/how-to-respond-when-elderly-relatives-refuse-home-care/

4) Backhouse, T., Dudzinski, E., Killett, A., Mioshi, E.: Strategies and interventions to reduce or manage refusals in personal care in dementia: A systematic review, in: International Journal of Nursing Studies, Volume 109, Sept. 2020, 103640.

5) Bertelsmann Stiftung, Weisse Liste und Deutsches Institut für angewandte Pflegeforschung (Hrsg.): Angehörigenbefragung in der stationären Altenpflege – Gutachten, Fragebogen, Leitfaden, Gütersloh 2019, https://www.bertelsmann-stiftung.de/fileadmin/files/BSt/Publikationen/GrauePublikationen/Weisse_Liste_Angehoerigenbefragung_stationaere_Altenpflege_1907.pdf

6) Bundesministerium für Arbeit, Soziales, Gesundheit und Konsumentenschutz (Hrsg.): Angehörigenpflege in Österreich. Einsicht in die Situation pflegender Angehöriger und in die Entwicklung informeller Pflegenetzwerke. Institut für Pflegewissenschaft der Universität Wien, Juni 2018, https://broschuerenservice.sozialministerium.at/Home/Download?publicationId=664

7) Bundesministerium für Gesundheit (Hrsg.): Ratgeber Demenz - lnformationen für die häusliche Pflege von Menschen mit Demenz, https://www.bundesgesundheitsministerium.de/service/publikationen/details/ratgeber-demenz, und: Ratgeber Pflege — Alles was Sie zum Thema Pflege wissen sollten (2019), https://www.bundesgesundheitsministerium.de/fileadmin/Dateien/5_Publikationen/Pflege/Broschueren/BMG_Ratgeber_Demenz_Oktober_2019_barr.pdf

8) Büscher, A., Klie, T.: Perspektivenwerkstatt: Qualitätsentwicklung und Lebensweltorientierung in der häuslichen Pflege. Abschlussbericht für das ZQP, Berlin 2013, https://www.zqp.de/wp-content/uploads/Abschlussbericht_Qualitaetsentwicklung_Lebensweltorientierung_Haeuslichen_Pflege.pdf

9) Choi, S.S.W., Cajita, M.I., Gitlin, L.N.: A review of measures of three common dementia-related behaviors: Rejection of care, aggression, and agitation, in: Geriatric Nursing, Volume 41, Issue 6, 2020, S. 692 - 708, https://doi.org/10.1016/j.gerinurse.2020.04.003

10) Deutscher Bundestag – Wissenschaftliche Dienste (Hrsg.): 24-Stunden-Pflege in Privathaushalten durch Pflegekräfte aus Mittel- und Osteuropa, Rechtslage in ausgewählten EU-Mitgliedsstaaten, WD 6 - 3000 -

078/16, Berlin 2016, https://www.bundestag.de/resource/blob/480122/ele7b32064927dbba950d380980b6c3f/wd-6-078-16pdf-data.pdf

11) Deutsches Institut für angewandte Pflegeforschung (Hrsg.): Pflegethermometer 2022 - Situation und Versorgung von Menschen in der häuslichen Intensivversorgung in Deutschland, Köln 2022, https://www.dip.de/fileadmin/data/pdf/Pressemitteilungen_Institut/Pflege-Thermometer_2022_Studie.pdf

12) Deutsches Institut für häusliche Pflege (Hrsg.): Anbietervergleich 24-Stunden-Betreuungsleistungen/Pflegeleistungen 2023, https://dihp.org/testergebnisse_anbieter_haeusliche_24_stunden_pflege.php

13) Deutsches Institut für häusliche Pflege (Hrsg.): Statistiken zur häuslichen Pflege - Statistiken zur Seniorenbetreuung, Anteile und Kosten von Betreuungsalternativen in der modernen Altenbetreuung, https://dihp.org/statistiken_zur_haeuslichen_24_stunden_pflege.php

14) DNQP Deutsches Netzwerk für Qualitätsentwicklung in der Pflege (Hrsg.): Beziehungsgestaltung in der Pflege von Demenzpatienten, https://www.ppm-online.org/pflegestandards/expertenstandards/beziehungsgestaltung-in-der-pflege-von-demenzpatienten/

15) Docekal, U., Zapletal, I., Mende-Danneberg, B.: Der Pflege-Ratgeber, Kapitel 4. Die 24-Stunden-Betreuung, Linde-Verlag, 2. Auflage, Wien 2018, https://www.linde-verlag.at/buch/der-pflege-ratgeber-17901/e/leseprobe/E100152.pdf

16) Durisova, S.: Die Organisation der Ausbeutung. Soziale und arbeitsrechtliche Benachteiligung der Pflege- und Betreuungskräfte im Rahmen der 24-Stunden-Pflege,

unter besonderer Berücksichtigung der Rolle von Vermittlungsagenturen, Masterarbeit, Graz 2017, https://unipub.uni-graz.at/obvugrhs/download/pdf/2287178

17) Famira-Mühlberger, U.: Die Bedeutung der 24-Stunden-Betreuung für die Altenbetreuung in Österreich, Österreichisches Institut für Wirtschaftsforschung, Wien 2017, https://www.wifo.ac.at/jart/prj3/wifo/resources/person_dokument/person_dokument.jart?publikationsid=60718&mime_type=application/pdf

18) Fisher Center for Alzheimer's Disease at NYU (Hrsg.): Clinical Stages of Alzheimer's disease, NYC, https://www.alzinfo.org/understand-alzheimers/clinical-stages-of-alzheimers/

19) Geserick, C.: Die Personenbetreuung aus Sicht der Betreuten und Angehörigen, Österreichisches Institut für Familienforschung (ÖIF) der Universität Wien, Wien 2021, https://uscholar.univie.ac.at/detail/o:1227639

20) Hammermann, A., Schmidt, J., Stettes, O.: Fluktuation auf dem deutschen Arbeitsmarkt. Dynamik von Personalbewegungen und deren Einflussfaktoren, Institut der deutschen Wirtschaft, Köln 2022, https://www.iwkoeln.de/studien/andrea-hammermann-joerg-schmidt-oliver-stettes-fluktuation-auf-dem-deutschen-arbeitsmarkt.html

21) Holsing, C., Leitner, S.: Branchenreport 2021 – Häusliche 24-Stunden-Pflege und -Betreuung, Bielefeld 2022, https://www.24h-pflege-check.de/assets/downloads/Branchenreport-2021.pdf

22) IG24 Interessengemeinschaft der 24h-Personenbetreuer_innen (Hrsg.): Situation und Probleme, Wien 2022,

https://ig24.at/situation-loesungen/ und https://ig24.at/wp-content/uploads/2021/02/situation-und-probleme-24-h-betreuer_innen.pdf

23) Isfort, M., von der Malsburg, A.: Privat organisierte Pflege in NRW: Ausländische Haushalts- und Betreuungskräfte in Familien mit Pflegebedarf, Gutachten im Auftrag des Ministeriums für Gesundheit, Emanzipation, Pflege und Alter des Landes Nordrhein-Westfalen, Düsseldorf 2017, https://www.dip.de/fileadmin/data/pdf/material/privat_organisierte_Pflege_NRW_Gutachten_Endfassung__2_.pdf

24) Ishii, S., Streim, J.E., Saliba, D.: A Conceptual Framework for Rejection of Care Behaviors: Review of Literature and Analysis of Role of Dementia Severity, in: Journal of the American Medical Directors Association, Volume 13, Issue 1, January 2012, S. 11 - 23.

25) Jacobs, K., Kuhlmey, A., Greß, S., Klauber, J., Schwinger, A. (Hrsg.): Pflege-Report 2018 Qualität in der Pflege, Springer, Berlin 2018, https://library.oapen.org/handle/20.500.12657/23313

26) Koren, I.: Zusammenhang zwischen der Beziehungskonstellation des pflegenden Angehörigen, der zu pflegenden Person und der Ablehnung des zur Verfügung stehenden Hilfsangebotes, Masterarbeit, Universität Klagenfurt 2021, https://netlibrary.aau.at/obvuklhs/download/pdf/7781076?originalFilename=true

27) Küffel, M.: 24 Stunden Pflege zu Hause: So finden Sie die optimale Betreuung, Springer, Hamburg 2021.

28) Mairhuber, I., Allinger, B.: Transnationale Betreuungs- und Pflegekräfte in europäischen Privathaushalten, FORBA-Studie, AK Wien, April 2021,

https://wien.arbeiterkammer.at/service/studienundzeitschriften/studien/gesundheitundpflege/Transnationale_Betreuungskraefte_20210420.pdf

29) Nachtigall, L.: Anna, Alzheimer und ich - Bericht eines pflegenden Angehörigen über ein glückliches, erfülltes Leben, Kapitel 10: 24-Stunden-Betreuung, 2. Auflage, myMorawa, Wien 2022.

30) Neumann, P., Klewer, J. Pflegepersonalfluktuation und Mitarbeiterorientierung in der Pflege, in: Heilberufe, Sonderheft 1, 2008, S. 13–17, https://doi.org/10.1007/s00058-008-1303-4

31) Nolan, M., Davies, S., Grant, G. (Hrsg.): Working with older people and their families. Key issues in policy and practice, Open University Press, Maidenhead und Philadelphia 2001, Kapitel 1, https://books.google.bj/books?id=vu01swEACAAJ&printsec=frontcover&hl=de&source=gbs_ge_summary_r&cad=0#v=onepage&q&f=false

32) Pilny, A., Rösel, F.: Personalfluktuation in deutschen Krankenhäusern: Jeder sechste Mitarbeiter wechselt den Job, in: Klauber, J., Wasem, J., Beivers, A., Mostert, C. (Hrsg.): Krankenhaus-Report 2021, S. 267 – 275, Springer Open, Berlin 2021, https://link.springer.com/content/pdf/10.1007/978-3-662-62708-2.pdf

33) Gütegemeinschaft Anwerbung und Vermittlung von Pflegekräften aus dem Ausland e.V. (Hrsg.): RAL Gütezeichen „Faire Anwerbung Pflege Deutschland“, https://www.faire-anwerbung-pflege-deutschland.de/guetegemeinschaft

34) ÖQZ-24 (Hrsg.): Zertifizierte Vermittlungsagenturen, https://oeqz.at/zertifizierte-vermittlungsagenturen/

35) Rechnungshof Österreich (Hrsg.): Bericht des Rechnungshofes zur Förderung der 24-Stunden-Betreuung in Oberösterreich und Wien, Wien 2018, https://www.rechnungshof.gv.at/rh/home/home/Foerderung_der_24_Std_Betreuung_in_Ooe_und_Wien.pdf

36) Schaffhauser-Linzatti, M., Gürtlich, G., Reichmann, A.: Die Situation der 24-Stunden-Betreuungskräfte in Österreich, Holzhausen-Verlag, Wien 2022.

37) Schilgen, B., Savcenko , K., Nienhaus , A., Mösko, M.: Arbeitsplatzbezogene Belastungen und Ressourcen von ausländischen 24-Stunden-Betreuungskräften in deutschen Privathaushalten – eine qualitative Studie, in: Gesundheitswesen. 2020 Feb; 82(2), S. 196 – 201, https://www.ncbi.nlm.nih.gov/pmc/articles/PMC7906836/

38) Schober, M.: Die 24-Stunden-Betreuung in Österreich. Eine Analyse der Arbeitsbedingungen von selbstständigen Personenbetreuerinnen, Masterarbeit Universität Linz 2020, https://epub.jku.at/obvulihs/download/pdf/5267289?originalFilename=true

39) Schöffski, O., von der Schulenburg, J.M. (Hrsg.): Gesundheitsökonomische Evaluationen, 4. Aufl., Springer, Berlin 2011.

40) Statistisches Bundesamt (Hrsg.): Pflegestatistik - Pflege im Rahmen der Pflegeversicherung - Ländervergleich – Pflegebedürftige - 2019, Wiesbaden 2020, https://www.destatis.de/DE/Themen/Gesellschaft-Umwelt/Gesundheit/Pflege/Publikationen/Downloads-Pflege/laender-pflegebeduerftige-5224002199004.pdf?__blob=publicationFile

41) Thüsing, G.: Rechtskonforme Betreuung in den eigenen vier Wänden. Regelungen für die Betreuung in häuslicher Gemeinschaft (24-Stunden-Betreuung) de lege lata und de lege ferenda, Gutachten für das Bundesministerium für Gesundheit, Bonn 2019. https://www.bundesgesundheitsministerium.de/fileadmin/Dateien/5_Publikationen/Pflege/Berichte/Gutachten_Thuesing_Teil_1_-_Rechtskonforme_Betreuung_in_den_eigenen_vier_Waenden.pdf

42) Trukeschitz, B., Harrach, B., Jung, R., Schneider, U.: Qualitätssicherung in der häuslichen Pflege - Handbuch zum Erhebungsinstrument, im Auftrag des Bundesministeriums für Arbeit, Soziales und Konsumentenschutz, WU Wien 2011.

43) Tschöpe-Scheffler, S.: Früher war ich ein flottes Huhn, heute bin ich eine lahme Ente: Meine alte Mutter, ihre Pflegekräfte aus Osteuropa und ich, Patmos Verlag, Ostfildern 2020.

44) Verbraucherzentrale NRW (Hrsg.): Pflegewegweiser NRW - Ausländische Haushalts- und Betreuungskräfte in Privathaushalten, Düsseldorf 2022, https://www.verbraucherzentrale.de/sites/default/files/2022-10/broschure-auslandische-haushalts-und-betreuungskrafte-in-privathaushalten-stand-10.2022.pdf

45) VKI (Hrsg.): 24-Stunden-Betreuung - Gut vorbereitet, Beitrag vom 22.2.2018, https://konsument.at/24-stunden-betreuung032018

46) Witt, S., Hoyt, J.: What to Do When Elderly Parent Refuses Assisted Living and Caregiving Services? https://www.seniorliving.org/caregiving/elderly-refuses-assisted-living/

47) WKO (Hrsg.): Suche Firmen A–Z Organisation von Personenbetreuung, https://firmen.wko.at/-/?standortid=0&branche=47616&branchenname=organisation+von+personenbetreuung&categoryid=0&_gl=1%2agrqekb%2a_ga%2amjazotuzody1lje2oty5mjq1nde.%2a_ga_4yhgvsn5s4%2amty5njkyndu0ms4xljeumty5njkyndcwny4wljauma..&_ga=2.107191815.425731846.1696924542-203953865.1696924541&firma=

48) WKO (Hrsg.): Online-Ratgeber Personenbetreuung, https://ratgeber.wko.at/personenbetreuung/

49) WKO (Hrsg.): Statistik Personenbetreuung, https://www.daheimbetreut.at/de/node/2268

2
Betreuung im Pflegeheim

Ein *Pflegeheim* ist eine stationäre Einrichtung, in der körperlich oder geistig beeinträchtigte Menschen wohnen, die hauswirtschaftlich und pflegerisch betreut werden. Träger können staatliche, private gemeinnützige oder erwerbswirtschaftliche Organisationen sein.

Je nach dem Umfang der Versorgung werden drei unterschiedliche Heimtypen für alte Menschen unterschieden:

- das *Altenwohnheim* für relativ eigenständige Bewohner (bloße Unterkunft in kleinen, barrierefreien Wohnungen mit eigener Küche, Gemeinschaftsräumen, Verpflegung alternativ im Speisesaal),
- das *Altenheim* für ältere Menschen, die ihren Haushalt nicht mehr eigenständig führen können (betreutes Wohnen ebenfalls meist in kleinen, barrierefreien Wohnungen, hauswirtschaftliche Unterstützung, Verpflegung und pflegerische Betreuung durch das Heim) und
- das *Pflegeheim* (Unterkunft in Ein- oder Mehrbettzimmern, umfassende hauswirtschaftliche und pflegerische Versorgung und Betreuung durch das Heim).

In den meisten Heimen werden heutzutage diese drei traditionellen Heimtypen kombiniert angeboten, so dass die Bewohner bei zunehmender Gebrechlichkeit nicht das Heim wechseln müssen. In vielen Fällen ist auch ein Hospiz angeschlossen. Hospize sind auf die Sterbebegleitung spezialisierte Pflegeeinrichtungen, die auf die Palliativversorgung (schmerzlindernde Maßnahmen) ausgerichtet sind.

In der Folge wird der Sammelbegriff Pflegeheim für alle Heimtypen verwendet. Synonyme sind Alters- oder Altenheim, Altenpflegeheim, Seniorenheim, Seniorenresidenz, Sanatorium für Senioren.

2.1 Ziele der Betreuung in einem Pflegeheim

Wie bei allen Betreuungs- und Pflegediensten ist auch bei der vollstationären Betreuung in einem Heim *das oberste Ziel aller Beteiligten das Wohlergehen der Pflegebedürftigen,* das heißt, ihre Gesundheit und Eigenständigkeit weitestgehend zu fördern und zu erhalten.

Im Abschnitt 2.1 haben wir die Konkretisierung des an sich vagen Ziels des Wohlergehens der Betreuungs- und Pflegebedürftigen nach Nolan et al. (31) erläutert. Eine alternative, hier wiedergegebene Klassifikation bietet ASCOT (Adult Social Care Outcomes Toolkit). Das ist ein an der Universität Kent in England entwickeltes Instrumentarium, mit dem die spezifische, durch Betreuungs- und Pflegedienstleistungen beeinflussbare Lebensqualität von erwachsenen Menschen mittels Fragebogen und standardisierten Interviews ermittelt werden kann. Damit können auch die Wirkungen der Pflege im Heim erfasst und gemessen werden.

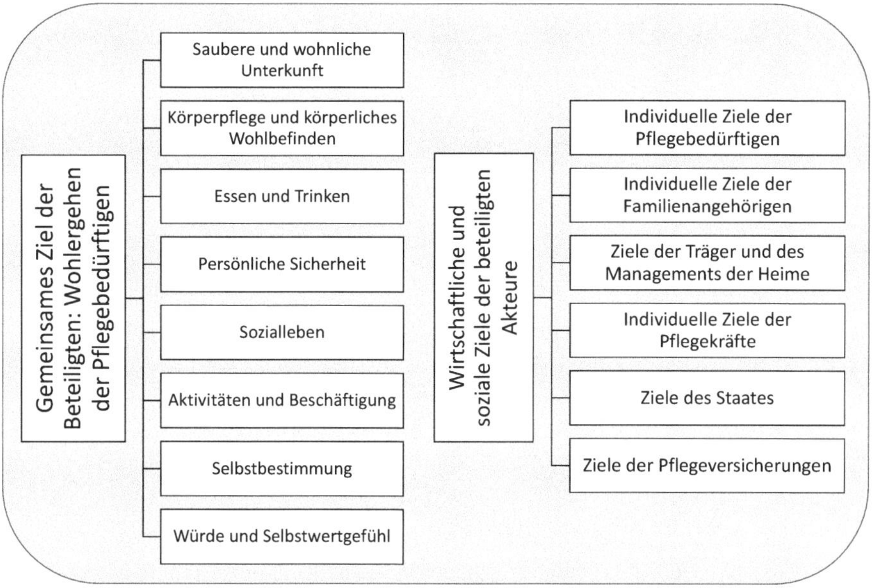

Abb. 12: Ziele der Betreuung in einem Pflegeheim

Zielbereiche (Unterziele), aus denen sich Kriterien zur Qualitätsbeurteilung ableiten lassen, sind nach ASCOT (114)

- eine saubere und wohnliche Unterkunft,
- die Körperpflege und körperliches Wohlbefinden,
- Essen und Trinken,
- die persönliche Sicherheit,
- das Sozialleben,
- Aktivitäten und Beschäftigung,

- die Selbstbestimmung,
- die Würde und das Selbstwertgefühl.

Neben diesen gemeinsamen, auf die betreuten Personen ausgerichteten Zielen, die auch für die Stakeholder (Angehörige, Heimleitung und -eigentümer, Pflegekräfte, Staat, Sozialversicherung, insbesondere Kranken- und Pflegeversicherungen) relevant sind, gibt es *wirtschaftliche und soziale Ziele der beteiligten Akteure*. Zum Beispiel könnten es die individuellen Ziele von Pflegebedürftigen sein, nicht ihren Angehörigen zur Last fallen zu wollen, ihre medizinische Versorgung zu sichern oder ihre eigenen Möbel und Haustiere ins Heim mitnehmen zu dürfen. Angehörige wollen vielleicht Entlastung, weil sie sich durch die Pflege zu Hause überfordert fühlen oder um ihren Beruf in Vollzeit ausüben zu können. Dabei sind das Leistungsangebot, die Versorgungsqualität, die Verfügbarkeit und Sicherheit des Heimplatzes, die Lage des Heims und die Kosten relevant (Eigenbeitrag = Heimpreis minus staatliche Förderung). Die in den Heimen angestellten Pflegekräfte erwarten ein angemessenes Gehalt und gute Arbeitsbedingungen. Die Heimbetreiber von gemeinnützigen Organisationen wollen dem Wohl der Allgemeinheit dienen, Unternehmen bzw. Unternehmensgruppen haben erwerbswirtschaftliche Ziele (Gewinnerzielung). Bund, Länder und Gemeinden streben die Verhütung und Absicherung von Altersrisiken der Bürger und den Ausgleich der Ausgaben an, die den Versicherten entstehen. Es soll eine hohe Qualität bei geringstmöglichen Kosten der Altenpflege sichergestellt werden.

2.2 Bedingungslage für die Pflege im Heim

Die Abb. 13 veranschaulicht die Bedingungslage für die Pflege im Heim, die durch die Merkmale der erwähnten, im Folgenden behandelten Akteure und strukturelle Verhältnisse geprägt ist.

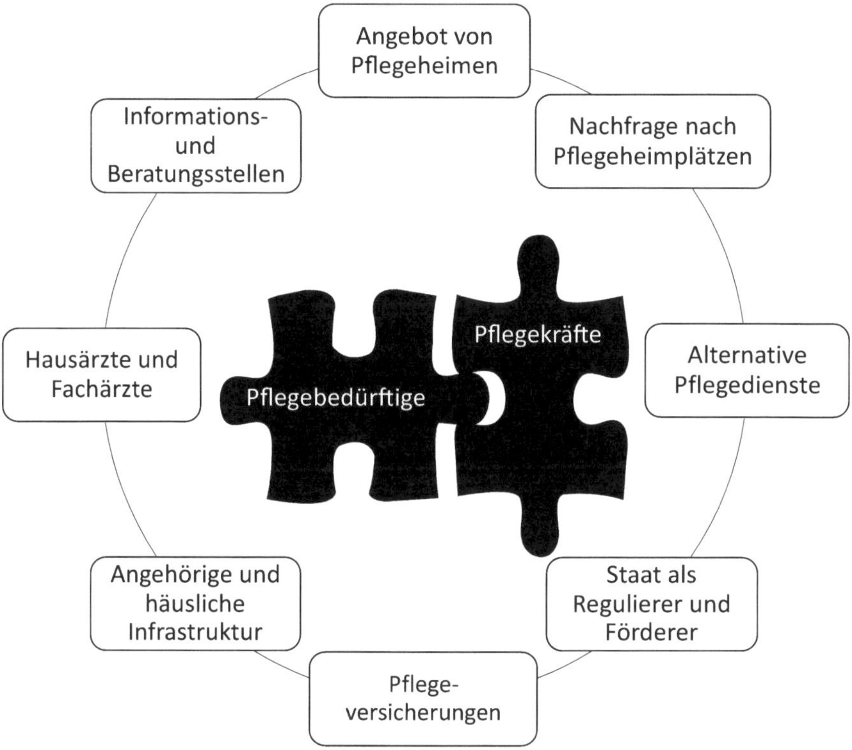

Abb. 13: Bedingungslage für die Entscheidung über die Betreuung im Pflegeheim und die Auswahl des bestgeeigneten Heims

Auf die Rolle der Haus- und Fachärzte sowie der Informations- und Beratungsstellen von Behörden (Gesundheitsministerium,

Bundesländer, Kommunen) und gemeinnützigen Organisationen gehen wir später im Rahmen der Fallstudie ein.

2.2.1 Angebot von Pflegeheimen

In *Österreich* gibt es etwa 900 Pflegeheime für die vollstationärer Dauerpflege mit 71.000 Plätzen. In *Deutschland* sind es rund 11.750 solche Heime mit 922.000 Plätzen. 53 Prozent aller Pflegeheime haben dort gemeinnützige Träger wie zum Beispiel die Johanniter, die Evangelische Heimstiftung, die Caritas und das Deutsche Rote Kreuz. Auf private erwerbswirtschaftliche Betreiber entfallen 43 Prozent, auf kommunale nur 4 Prozent. Die größten Pflegeheimbetreiber mit über 100 Pflegeheimen und über 10.000 Plätzen sind internationale Unternehmensgruppen, die Finanzinvestoren, Versicherungen und Pensionskassen gehören. An der Spitze steht die Korian-Gruppe (Frankreich), die in Deutschland 228 Heime mit 25.004 Plätzen betreibt, vor der Alloheim Senioren-Residenzen SE (Schweden) mit 249 Heimen und 24.230 Plätzen, der Victor's Group (Deutschland) mit 115 Heimen und 14.634 Plätzen und Orpea Deutschland (Frankreich) mit 147 Heimen und 13.044 Plätzen. ((94), Stand: Oktober 2023)

In *Deutschland* gab es in den letzten Jahren im Pflegebereich eine nie dagewesene Pleitewelle. Im Jahr 2022 mussten 142 Heime und 431 Pflegedienststandorte geschlossen werden. In den ersten drei Monaten des Jahres 2023 gab es rund 200 Insolvenzen. Allein bei Großinsolvenzen der privaten erwerbswirtschaftlichen Heimbetreiber Curata Care, Convivo, Hansa,

Novent und Dorea gingen 18.611 vollstationäre Plätze verloren (94). Gründe sind die Inflation und dadurch gestiegene Kosten (Energie, Personal) sowie der eklatante Mangel an qualifizierten Pflegekräften.

In *Österreich* ist der Anteil privater erwerbswirtschaftlicher Träger mit grob geschätzt zirka 25 Prozent wesentlich geringer, der Anteil öffentlicher Träger (Heime der Länder, Gemeinden und Sozialhilfeverbände) mit zirka 50 Prozent hingegen erheblich höher. Der Anteil privater gemeinnütziger Träger liegt bei 25 Prozent. Der größte private erwerbswirtschaftliche Heimbetreiber ist SeneCura, der in Österreich 89 Einrichtungen mit rund 7.300 Betten und Pflegeplätzen besitzt (Stand: Oktober 2023; Eigentümer ist die französische Orpea-Gruppe).

Während in ländlichen Regionen die Zahl der Angebote überschaubar ist, sind es in mittelgroßen Städten wie Linz, Graz, Ulm, Heidelberg oder Rostock zirka 20 bis 50 und in Millionenstädten wie Wien, München, Hamburg oder Berlin zirka 100 bis 300 Dauerpflegeeinrichtungen. Die Heimdichte ist in manchen Bezirken bis zu sechsmal höher als in anderen.

Das *Leistungsangebot* der Heime beinhaltet

- bloßes Wohnen in Zimmern/Apartments unterschiedlicher Größe und Ausstattung, mit unterschiedlichem Komfort, Halb- oder Vollpension,
- unterstütztes Wohnen mit Alltagsbetreuung im Ausmaß von wenigen Wochenstunden,

- unterstütztes Wohnen mit spezieller Betreuung bei Behinderungen, demenziellen oder psychosozialen Erkrankungen,
- allgemeine Pflege und Betreuung,
- spezielle Pflege bei bestimmten Krankheiten wie Demenz, multiple Sklerose usw.
- vorübergehendes betreutes Wohnen, Kurzzeitpflege zur Remobilisation und Urlaubspflege.

Die Preise innerhalb dieser Kategorien sind üblicherweise nach der Pflegestufe bzw. dem Pflegegrad gestaffelt (siehe Abschnitt 2.2.5).

2.2.2 Nachfrage nach Pflegeheimplätzen

Die *Nachfrage nach Pflegeheimplätzen* übersteigt bei weitem das Angebot. Vor allem in Ballungsräumen gibt es lange Wartelisten der Heime. In *Deutschland* betragen die durchschnittlichen Wartezeiten auf einen Heimplatz über 1,5 Jahre, in *Österreich* sind es mehrere Monate. Der Präsident des deutschen Arbeitgeberverbands Pflege (AGVP) Wolfgang Greiner spricht von einer Versorgungskatastrophe: „Selbst Kliniken, die Dringlichkeitsfälle in die stationäre Langzeitpflege vermittelten, müssten um die 20 Anrufe tätigen, um irgendeinen Platz zu finden." (60)

Gibt man bei großen Trägerorganisationen mit vielen Heimen keinen speziellen Wunschplatz an, kann die Wartezeit auf mehrere Wochen verkürzt werden. Da es keine Annahmepflicht gibt, kann man sich vorsorglich auf die Warteliste setzen lassen. Lehnt man jedoch einen freien Platz ab, beginnt die Wartezeit aufs Neue. Durch die zunehmende Alterung der Bevölkerung steigt der Bedarf an Pflegeheimplätzen rasant an. In *Deutschland* ist allein bis 2040 mit einem zusätzlichen Bedarf an 184.682 bis 230.853 stationären Pflegeheimplätzen zu rechnen (122). In *Österreich* werden nach einer WIFO-Studie (76) gegenüber dem Stand von 2016 im Bereich der stationären Pflege und Betreuung bis 2030 über 16.000 (Vollzeitäquivalente: rund 13.000) und bis 2050 zirka 55.000 (Vollzeitäquivalente: rund 44.000) zusätzliche Pflegekräfte benötigt (Stand 2016: 63.000 bzw. 45.000 Vollzeitäquivalente). Das ist eine Steigerungsrate von 2016 bis 2030 von 39,6 Prozent und bis 2050 von 133,7 Prozent.

Abb. 14: Merkmale von Pflegeheimen, die die Entscheidung der Pflegebedürftigen und ihrer Angehörigen über den Umzug in ein Pflegeheim und die Auswahl des Heims beeinflussen

Merkmale von Pflegeheimen, die die Entscheidung der Pflegebedürftigen und ihrer Angehörigen über den Umzug in ein Pflegeheim und die Auswahl des Heims beeinflussen, sind das Leistungsangebot und die Versorgungsqualität, die Verfügbarkeit und Sicherheit des Heimplatzes, die Lage des Heims (Standort) und die Preise, das heißt erschwingliche Kosten. Die Abb. 14 differenziert diese Merkmale, die Checkliste im Abschnitt 2.5 zeigt diese in noch detaillierterer Form.

2.2.3 Alternative Pflegedienste

Die Pflegebedürftigen und ihre Angehörigen stehen oft vor der Wahl, welche Betreuungs- bzw. Pflegeform am besten ihren Anforderungen entspricht. Geht es nur um das bloße Wohnen von weitgehend Gesunden mit einem geringen Ausmaß von Tagesbetreuung, so kommen praktisch alle Formen der häuslichen Betreuung und alle Typen von Pflegeheimen in Betracht.

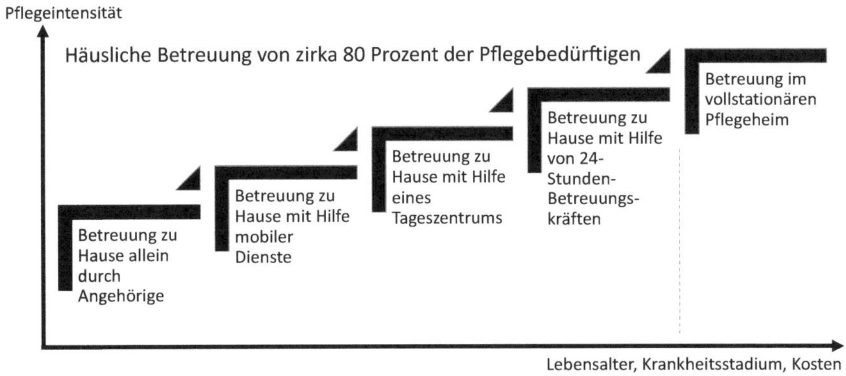

Abb. 15: Betreuungsformen von Pflegebedürftigen

Bei hohem Alter, Gebrechlichkeit und Krankheiten wie schwerer Demenz reduziert sich die Entscheidung auf die Alternativen Tageszentrum, 24-Stunden-Betreuung oder Pflegeheim.

Ein *Tageszentrum* (Synonyme: Tagesstätte, Tagesheim) für alte Menschen ist eine teilstationäre Einrichtung, in der sich die Pflegebedürftigen tagsüber mit Gleichaltrigen treffen, um sich zu unterhalten und therapeutisch begleitete Aktivitäten zur Aktivierung von Geist und Körper zu unternehmen. Dazu gehören zum Beispiel Spiele, Diskussionen, Gedächtnis- und Bewegungstraining, handwerkliche Arbeiten, Musik/Tanzen/Singen, Kochen, Ausflüge, Ergo- und Physiotherapie. Manche Tageszentren bieten für körperlich Behinderte oder Demenzkranke spezielle Betreuungsangebote. Die Bewohner werden verpflegt und können oft von ihrer Wohnung abgeholt und zurückgebracht werden. Sie können an allen oder ausgewählten Werktagen ganztags oder halbtags anwesend sein, in wenigen Fällen auch am Wochenende und an Feiertagen. Zum Beispiel gibt es in der 2-Millionen-Stadt Wien elf städtische und fünf gemeinnützige Tageszentren, davon sind drei täglich geöffnet. Fünf haben den Schwerpunkt Demenz und eines den Schwerpunkt Multiple Sklerose. Tageszentren sind durch die kommunale Förderung meist kostengünstig. Zum Beispiel ist in Wien der Kostenbeitrag für einen Besuch abhängig vom Einkommen und der Pflegestufe gestaffelt und beträgt pro Tag maximal 19 Euro (2023). Ist auch eine nächtliche Betreuung nötig, die von den Angehörigen nicht geleistet werden kann, kommt diese Alternative nicht in Frage. Sie ist jedoch eine gute Möglichkeit zu testen, ob sich Pflegebedürftige voraussichtlich in einem vollstationären Heim wohlfühlen werden.

Die *24-Stunden-Betreuung* ist in vielen Fällen eine echte Alternative zum Pflegeheim. Sie kommt allerdings nur für wohlhabende Haushalte in Frage. Im Abschnitt 2.3 wird anhand einer Fallstudie das Entscheidungsdilemma zwischen 24-Stunden-Betreuung und Pflegeheim veranschaulicht. Die Vermittlungsagenturen von 24-Stunden-Betreuerinnen werben damit, dass die Pflegebedürftigen durch Inanspruchnahme ihrer Dienste den langen Wartezeiten auf einen Pflegeheimplatz entgehen können.

2.2.4 Staat als Gesetzgeber und Förderer

Der Bund, die Länder und Gemeinden haben als Gesetzgeber und Förderer einen entscheidenden Einfluss auf den Pflegeheimsektor. Durch *Gesetze und Verordnungen* werden Mindeststandards bezüglich der Transparenz und Patientenrechte, der personellen Anforderungen für Heime, der Ausbildung, Befugnisse und Gehälter der Pflegekräfte, der Leistungen (insbesondere der Qualitätssicherung) der Heimbetreiber sowie der gesetzlichen Kranken-, Pensions- und Pflegeversicherung festgelegt.[5] Erst durch die massive finanzielle Förderung von

[5] Zur Rechtslage in Deutschland siehe zum Beispiel https://pflegeheimportal.de/ratgeber/gesetze.html. Zum österreichischen Gesundheits- und Krankenpflegegesetz siehe: https://www.ris.bka.gv.at/GeltendeFassung.wxe?Abfrage=Bundesnormen&Gesetzesnummer=10011026. Zum Wiener Wohn- und Pflegeheimgesetz siehe https://www.ris.bka.gv.at/GeltendeFassung.wxe?Abfrage=LrW&Gesetzesnummer=20000277. Ein Musterheimvertrag des Sozialministeriums findet sich

Pflegebedürftigen und ihren Pflegeheimaufenthalten werden diese für die meisten Patienten erschwinglich. In manchen Ländern unterstützen staatliche Agenturen die Pflegeheimbetreiber bei der Anwerbung von Pflegepersonal aus dem Ausland. Darüber hinaus betreiben Bundesländer und Gemeinden eigene Pflegeheime und tragen damit wesentlich zur Deckung der Nachfrage bei.

Die aktuell größten Probleme der Pflegeheimbetreiber sind, wie im Abschnitt 1.2.1 erwähnt, die infolge der hohen Inflation gestiegenen Kosten sowie die gravierenden Personalengpässe. Der heimische Markt für Pflegekräfte ist „leergefegt" und auch im EU-Ausland sind angesichts der hohen inländischen und ausländischen Nachfrage kaum noch gut ausgebildete Pflegekräfte zu bekommen. Dementsprechend verlagert sich die Nachfrage zunehmend auf den Weltmarkt.

Die Pflegekraftanwerbung aus Nicht-EU-Ländern ist mit hohen Kosten, bürokratischen Hürden, langen Wartezeiten auf eine Arbeitsgenehmigung und geringen Bleiberaten verbunden. Auch gut ausgebildete, erfahrene Pflegekräfte mit nachgewiesenen deutschen Sprachkenntnissen müssen durch den „Behörden-Marathon" ein bis zwei Jahre warten, ehe sie in Deutschland oder Österreich tätig werden können. Um die Personalbeschaffung zu vereinfachen und zu beschleunigen, wurde im Herbst 2019 im Saarland in enger Abstimmung mit dem deutschen Gesundheitsministerium die Deutsche Fachkräfteagentur

unter: https://broschuerenservice.sozialministerium.at/Home/Download?publicationId=108

für Gesundheits- und Pflegeberufe (DeFa) gegründet, die sich im Auftrag von Krankenhäusern und Pflegediensten um Anträge für Visa, Berufsanerkennung, Aufenthalts- und Arbeitserlaubnis kümmert. Für die Unterstützung bei den Verwaltungsverfahren wird pro Einzelfall eine Gebühr von 350 Euro erhoben. Bis Mitte 2022 hat die DeFa Anträge für 3.561 Pflegefachkräfte erhalten, davon waren 1.905 Fälle in Bearbeitung (73).

Insgesamt waren Ende Oktober 2021 236.000 sozialversicherungspflichtige Beschäftigte mit ausländischer Staatsangehörigkeit im deutschen Gesundheitsbereich beschäftigt. Die Herkunftsländer mit über zehntausend in Deutschland tätigen Pflegekräften befanden sich durchwegs in Europa: Polen (22.074 am 31.10.2021), Bosnien-Herzegowina (17.041), Türkei (15.630), Rumänien (15.241), Kroatien (14.630), Serbien (10.746). Aus Asien stammten 43.945 Betreuungskräfte, die wichtigsten Herkunftsländer waren die Philippinen (8.176), Syrien (6.602), Vietnam (6.133), Afghanistan (3.928), Indien (2.518) und Iran (2.352). Aus Afrika kamen insgesamt 22.992 Pflegekräfte, die meisten stammten aus Marokko (2.789), Tunesien (2.171), Kamerun (2.170) und Eritrea (2.168). Das bedeutsamste Herkunftsland in Amerika (insgesamt 6.831) war Brasilien (2.109). Aus Australien/Ozeanien waren nur 161 Pflegekräfte in Deutschland beschäftigt, davon 101 aus Australien.

Die deutsche Bundesregierung wirbt entsprechend dem freiwilligen Verhaltenskodex der Weltgesundheitsorganisation (WHO) Pflegekräfte nur in Ländern an, deren Bevölkerung im Schnitt sehr jung ist und die deutlich über ihren eigenen Bedarf ausbilden. Formale Kooperationsvereinbarungen und Vermittlungsabsprachen mit staatlichen Partnern in Drittstaaten im Bereich Pflege gibt es mit Bosnien und Herzegowina, Kolumbien, Philippinen, Tunesien, El Salvador, Vietnam, Indien, Indonesien, Mexiko, Jordanien, Brasilien. Im Rahmen dieses „Triple Win-Programms“ sind im Jahr 2022 aber nur 656 Pflegekräfte aus dem EU-Ausland nach Deutschland gekommen. Seit dem Programmstart 2013 waren es zirka 4.700 Kräfte.

Phase 1 Arbeitgeber-beratung	**Phase 2** Fachkräfte-vermittlung	**Phase 3** Vorbereitung vor der Einreise	**Phase 4** Nach der Einreise
• Informationen zu Triple Win • Beratung zum Gesamtprozess und zum Anerkennungs-verfahren • Abschluss Dienstleistungs-verträge	• Persönliche Ansprechperso-nen im Triple Win-Team • Vermittlungs-vorschläge und persönliche Auswahlge-spräche durch Arbeitgeber • Rechnung-stellung und Abschluss der Arbeitsverträge	• Sprachkurse bis Niveau B1 • 4-tägiger Pflegefachkurs und Orientierungstag • Arbeitsmarkt-zulassung und Visum • Integrations- und Anerkennungs-beratung	• Beratung zum Integrations- und Anerkennungs-prozess • Hotline für die Fachkräfte • Behörden-begleitung

Abb. 16: Triple Win-Prozess (82)

Arbeitgeber zahlen pro vermittelte Pflegekraft eine Gebühr von 7.900 Euro brutto für die Dienstleistungen der gemeinsam mit der Programmabwicklung beauftragten Bundesagentur für Arbeit (BA) und der Deutschen Gesellschaft für Internationale Zusammenarbeit (GIZ).

In *Österreich* wird von den Krankenhäusern und Pflegediensten ebenso über die überbordende Bürokratie und die langen Bearbeitungsdauern bei der Einstellung von Pflegekräften aus Nicht-EU-Ländern geklagt, es gibt jedoch keine DeFa-ähnliche staatliche Unterstützung. Die 2011 für Fachkräfte in Mangelberufen aus Nicht-EU-Staaten eingeführte Rot-Weiß-Rot-Karte berechtigt Drittstaatsangehörige zur befristeten Niederlassung und zum unbeschränkten Arbeitsmarktzugang (selbstständige und unselbstständige Erwerbstätigkeit, nicht auf einen bestimmten Arbeitgeber beschränkt). Die Prüfung der Voraussetzungen für die Zuwanderung sieht jedoch auch nach der Reform von 2022 immer noch ein derart umständliches Punktesystem zur Bewertung der Fähigkeiten durch den Arbeitsmarktservice (AMS) und die Prüfung von Formalkriterien (zum Beispiel gültiger Reisepass, rechtmäßiger Aufenthalt in Österreich, strafrechtliche Unbescholtenheit) durch die Einwanderungsbehörde (in Wien MA 35) vor, dass die Bearbeitung unzumutbar lange dauert. In Österreich arbeiteten Ende 2022 laut Gesundheitsberuferegister 172.504 Menschen in Gesundheits- und Krankenpflegeberufen (GuK-Berufe), davon 29 Prozent in stationären Pflegeeinrichtungen/Tageszentren. 89 Prozent wurden in Österreich, acht Prozent in der EU und nur drei Prozent in einem Drittland ausgebildet. Von den elf Prozent der Pflegekräfte mit ausländischer Staatsangehörigkeit kommt ein Großteil aus den angrenzenden Staaten Deutschland (23 %), Slowakei (14 %) und Slowenien (7 %). Weitere wichtige Herkunftsländer sind Bosnien und Herzegowina (7 %), Ungarn (7 %), Rumänien (6 %), Polen (5 %), die Philippinen (4 %), Tschechien (4 %) und Serbien (4 %). Trotz des enormen Pflegeengpasses kommen durchschnittlich nur 130 Pflegekräfte aus Drittstaaten pro Jahr nach Österreich, die hier anerkannt und sesshaft werden (nach Berechnungen von Hilfswerk Österreich auf Basis von Zahlenmaterial der Statistik Austria). Im Gegensatz zu Deutschland gibt es bisher keine Strategie der Bundesregierung für die Anwerbung von Pflegekräften aus Drittstaaten, keine Kooperationen mit besonders geeigneten Ländern, keine nennenswerte Entbürokratisierung des Personalbeschaffungsprozesses und keine sicheren, nachhaltigen Niederlassungsperspektiven für in Frage kommende Fachkräfte. Auf den internationalen Jobbörsen für Pflegekräfte ist Österreich nicht präsent. Einzelne Bundesländer haben jedoch Pilotprojekte zur Rekrutierung von Pflegekräften in Südostasien gestartet: Oberösterreich, Burgenland und Wien mit den Philippinen, Niederösterreich mit Vietnam.

Nur wenige Menschen könnten sich ohne *staatliche Förderung* einen Umzug ins Pflegeheim leisten. Die Kosten eines Pflegeheimplatzes sind oft wesentlich höher als das Einkommen. Bei Schwerkranken können die monatlichen Kosten ein Mehrfaches der monatlichen Pension betragen. Die wichtigste finanzielle Förderung der Pflegebedürftigen ist das *bundesstaatliche Pflegegeld.* Es wird unabhängig von der jeweiligen Unterstützung durch Pflegedienste gewährt, das heißt unabhängig davon, ob die Betreuung zu Hause allein durch Angehörige, mit Hilfe mobiler Dienste oder in einem Heim erfolgt (Näheres im Folgeabschnitt). Darüber hinaus fördern die Bundesländer und Gemeinden die Heimaufenthalte ihrer Bürger. Ein Beispiel wird im Abschnitt 2.3 beschrieben. Aufgrund der unterschiedlichen Sozialgesetzgebung kann sich die länderspezifische Unterstützung von Bundesland zu Bundesland stark unterscheiden.

2.2.5 Pflegeversicherungen

Pflegeversicherungen dienen zur Absicherung des Risikos, pflegebedürftig zu werden. In Deutschland sind alle gesetzlich und privat bei einer Krankenkasse Versicherten versicherungspflichtig. Personen, die gesetzlich krankenversichert sind, sind automatisch in der sozialen Pflegeversicherung versichert. Wer privat krankenversichert ist, unterliegt der Versicherungspflicht in einer privaten Pflegeversicherung. In Österreich sind alle Personen mit einem gewöhnlichen Aufenthalt in Österreich pflichtversichert. Darüber hinaus können sie natürlich eine private Zusatzpflegeversicherung abschließen (derzeit bei elf Versicherungsunternehmen). In Österreich ist die gesetzliche Pflegeversicherung steuerfinanziert, in Deutschland beitragsfinanziert. Der allgemeine Beitragssatz beträgt 3,4 Prozent des Bruttoeinkommens, bei Kinderlosen 4 Prozent.

Träger der Pflegeversicherungen sind in Deutschland die Pflegekassen, die den Krankenkassen angegliedert sind. Zu ihren Aufgaben gehören:

- Erbringung von Geldleistungen (Pflegegeld), Sach- und Dienstleistungen der Pflegeversicherung,
- Überwachung der Effektivität und Wirtschaftlichkeit dieser Leistungen,

- Koordination der pflegerischen Versorgung der versicherten Menschen,
- Durchführung von Schulungen und Kursen für Pflegepersonen,
- Führung eines Verzeichnisses der Versicherten und Erhebung von Statistiken,
- Einzug der Beiträge der Pflegeversicherung, Verwaltung der Finanzmittel,
- Vermeidung des Eintritts der Pflegebedürftigkeit, zum Beispiel durch Maßnahmen im Rahmen der Prävention,
- Information und Beratung von Versicherten im Hinblick auf die ihnen zustehenden Leistungen,
- Vertragsschlüsse mit den Erbringern von Pflegesachleistungen (zum Beispiel häusliche Pflege und Grundpflege in Form von hauswirtschaftlicher Versorgung),
- Zahlung von Beiträgen zur Rentenversicherung für nicht erwerbstätige Pflegepersonen.

Quelle: (99)

In *Deutschland* wird das *Pflegegeld* in fünf Stufen von der gesetzlichen oder privaten Pflegekasse bezahlt, wenn ein anerkannter Pflegegrad 2 oder höher und eine gesicherte häusliche Pflege durch Angehörige, Freunde oder Ehrenamtliche gegeben ist. Beim Umzug in ein Pflegeheim endet der Anspruch. Bei der Versorgung im Pflegeheim übernimmt die Pflegekasse die nach dem Pflegegrad gestaffelten Pflegekosten. Für die Unterkunft,

Verpflegung und alles, was auch zuhause zu bezahlen wäre, muss der Pflegebedürftige aufkommen. Dieser Eigenanteil ist nach Träger, Lage (Stadt/Land), Ausstattung und Spezialisierung unterschiedlich und betrug 2023 im Bundesdurchschnitt 2.411 Euro pro Monat. Reicht das Einkommen (die Rente u.a.) nicht zur Bezahlung aus, kann die Kostenübernahme durch die Sozialhilfe beantragt werden. Angehörige sind bei einem Jahreseinkommen von 100.000 Euro und mehr zur Kostenübernahme verpflichtet. Richtschnur für die Berechnung der Elternunterhaltsverpflichtung ist die sogenannte Düsseldorfer Tabelle, die festlegt, welcher Teil des Einkommens dem Unterhaltspflichtigen für seine eigenen Lebenshaltungskosten verbleiben muss. Derzeit beträgt der angemessene Selbstbehalt von Kindern beim Elternunterhalt 2.000 Euro monatlich.

In *Österreich* wird das Pflegegeld in sieben Stufen von der Pensionsversicherungsanstalt bezahlt, wenn ein monatlicher Pflegebedarf von mindestens 65 Stunden gegeben ist. Pflegeheime beziehen diese bundesstaatliche Förderung in ihre Kalkulationen ein. Bei einem Pflegeheimaufenthalt unter Kostenbeteiligung eines Landes, einer Gemeinde oder eines Sozialhilfeträgers werden zur Deckung der Verpflegungskosten 80 Prozent des monatlichen Pflegegeldes direkt an den Kostenträger überwiesen. Die pflegebedürftige Person bekommt ein monatliches Taschengeld in der Höhe von 10 Prozent der Pflegestufe 3, das sind monatlich 50,30 Euro (2023). Der übrige Teil des Pflegegeldes ruht. Reicht das Einkommen (Pension und sonstiges Einkommen der Pflegebedürftigen) und die Unterhaltsverpflichtung des Ehepartners nicht zur Deckung der Heimkosten aus, kommt die Sozialhilfe der Bundesländer für den Restbetrag auf. Kinder und Enkel sind meist von der Unterhaltspflicht ausgenommen. Ein Zugriff auf das Vermögen von Heimbewohnern und deren Angehörigen ist unzulässig. Bei staatlichen Heimen ist in der Regel die Pflegestufe 3 Voraussetzung für die Aufnahme und damit die Förderung durch das Bundesland.

Die folgende Tabelle zeigt, wie der Pflegegrad in Deutschland und die Pflegestufe in Österreich ermittelt wird und wie hoch die monatlichen Förderbeträge sind. Die Begutachtung erfolgt durch einen Arzt oder eine Pflegefachkraft bei einem vorher angekündigten Besuch zu Hause, im Pflegeheim oder, falls notwendig, im Krankenhaus.

Deutschland			**Österreich**		
Pflegegrad	Grad der Selbstständigkeit bei der Lebensführung*	Monatliche Förderung	Pflegestufe	Pflegebedarf in Stunden pro Monat	Monatliche Förderung
1	geringe Beeinträchtigung der Selbstständigkeit oder der Fähigkeiten	kein Anspruch	1	mehr als 65 Stunden	175,00 Euro
2	erhebliche Beeinträchtigung der Selbstständigkeit	316,00 Euro	2	mehr als 95 Stunden	322,70 Euro

Deutschland			Österreich		
Pflegegrad	Grad der Selbstständigkeit bei der Lebensführung*	Monatliche Förderung	Pflegestufe	Pflegebedarf in Stunden pro Monat	Monatliche Förderung
	oder der Fähigkeiten				
3	schwere Beeinträchtigung der Selbstständigkeit oder der Fähigkeiten	545,00 Euro	3	mehr als 120 Stunden	502,80 Euro
4	schwerste Beeinträchtigung der Selbstständigkeit oder der Fähigkeiten	728,00 Euro	4	mehr als 160 Stunden	754,00 Euro
5	schwerste Beeinträchtigung der Selbstständigkeit oder der Fähigkeiten mit besonderen Anforderungen an die pflegerische Versorgung	901,00 Euro	5	mehr als 180 Stunden, wenn ein außergewöhnlicher Pflegeaufwand erforderlich ist	1.024,20 Euro
* In Deutschland beleuchtet der Gutachter folgende Lebensbereiche (68):			6	mehr als 180 Stunden, wenn zeitlich unkoordinierbare	1.430,20 Euro

Deutschland			Österreich		
Pflege-grad	Grad der Selbstständigkeit bei der Lebensführung*	Monatliche Förderung	Pflegestufe	Pflegebedarf in Stunden pro Monat	Monatliche Förderung
• Mobilität (zum Beispiel Treppensteigen, Fortbewegen in der Wohnung) • Geistige und kommunikative Fähigkeiten (zum Beispiel zeitliche Orientierung, Vergesslichkeit) • Verhalten (zum Beispiel nächtliche Unruhe, aggressives Verhalten, Depression) • Selbstversorgung (zum Beispiel Ernährung, Körperpflege) • Umgang mit Erkrankungen und Belastungen (zum Beispiel Medikamenteneinnahme, eigenständige Organisation von Arztbesuchen) • Soziale Kontakte (zum Beispiel den Tagesablauf selbst gestalten, Verabredungen treffen)				Betreuungsmaßnahmen erforderlich sind und diese regelmäßig während des Tages und der Nacht zu erbringen sind oder die dauernde Anwesenheit einer Pflegeperson während des Tages und der Nacht erforderlich ist, weil die Wahrscheinlichkeit einer Eigen- oder Fremdgefährdung gegeben ist	
Die Bereiche haben unterschiedliches Gewicht, zum Beispiel die Selbstversorgung 40 Prozent, die Mobilität 10 Prozent usw. In jedem Bereich werden je nach Stärke der Beeinträchtigung Punkte vergeben, die am Ende addiert werden. Die Gesamtpunktzahl entscheidet dann über den Pflegegrad. (69)			7	mehr als 180 Stunden, wenn keine zielgerichteten Bewegungen der vier Extremitäten mit funktioneller Umsetzung möglich sind	1.879,50 Euro

Abb. 17: Pflegegeld in Deutschland und in Österreich 2023

In Deutschland sind die verpflichtenden *Transparenzberichte der Pflegekassen* eine wichtige Informationsquelle bei der Auswahl eines Pflegeheims. Die Berichte enthalten für alle staatlich geförderten Pflegeheime die Bewertung von 20 Qualitätsaspekten in den folgenden fünf Bereichen:

- Unterstützung bei der Mobilität und Selbstversorgung,
- Unterstützung bei der Bewältigung von krankheits- und therapiebedingten Anforderungen und Belastungen,
- Unterstützung bei der Gestaltung des Alltagslebens und der sozialen Kontakte,
- Unterstützung in besonderen Bedarfs- und Versorgungssituationen,
- Begleitung sterbender Heimbewohnerinnen und Heimbewohner und ihrer Angehörigen.

Neben den Prüfergebnissen der Prüfdienste fließen auch halbjährlich aktualisierte Ergebnisindikatoren und Eigenangaben der Heime in die Veröffentlichung ein. „Die Eigenangaben beziehen sich zum großen Teil auf die Ausstattung und das Angebot der Einrichtung. Die Ergebnisindikatoren geben an, wie oft es in einer bestimmten Einrichtung innerhalb von sechs Monaten zu bestimmten Ereignissen (z. B. Stürze) kommt. Diese Ergebnisse werden dann mit dem Durchschnitt aller Einrichtungen verglichen.“ (112) In Österreich gibt es leider nichts Vergleichbares.

2.2.6 Angehörige und häusliche Infrastruktur

In einer Studie des österreichischen Gesundheitsministeriums und der Universität Wien wurde geschätzt, dass in Österreich rund 801.000 Personen zu Hause und 146.000 im Bereich der stationären Langzeitpflege auf privater Basis auf irgendeine Art und Weise in die Pflege und Betreuung eines anderen Menschen involviert sind. Das sind zusammen 947.000 Personen. (65). In Relation zur Bevölkerung dürften es danach in Deutschland zirka 7,4 Millionen pflegende Angehörige zu Hause und 8,8 Millionen insgesamt sein, was angesichts der fünf Millionen Pflegebedürftigen nicht unrealistisch erscheint.

In den meisten Fällen (über 40 Prozent) sind es die Kinder, die mit ansehen müssen, dass ihre sich selbst zu Hause versorgende Mutter oder ihr Vater die Arbeit im Haushalt zunehmend nicht mehr bewältigen kann, und dass ihr und/oder ihm die Verwahrlosung droht. Sie selbst sind oft aus beruflichen bzw. finanziellen Gründen nicht oder nur sehr begrenzt in der Lage, die unbezahlte häusliche Betreuung zu übernehmen.[6] Oder sie

---

[6] Das Burgenland bietet als einziges österreichisches Bundesland seit 2019 an, sich als Betreuungsperson von pflegebedürftigen Angehörigen bei einem Landesunternehmen, der Pflegeservice Burgenland GmbH, anstellen zu lassen. Die Hauptziele sind:

- die betroffenen Personen sozialversicherungsrechtlich abzusichern und dazu beizutragen, dass ihnen der Lebensunterhalt gewährt wird,
- den pflegebedürftigen Personen den Verbleib zu Hause und die Betreuung durch einen vertrauten Menschen zu ermöglichen,
- durch die Ausbildungsmöglichkeit auch mittelfristig zusätzliches Personal für soziale Berufe im Burgenland zu gewinnen.

sind der physischen und psychischen Belastung bei tendenziell wachsenden Anforderungen durch den altersbedingten Kräfteverfall und Krankheiten (insbesondere Demenz) ihrer Eltern nicht mehr gewachsen. Dasselbe gilt für die (Ehe-)Partner, die zweitgrößte Gruppe (35 Prozent) der pflegenden Angehörigen. Auch mobile Dienste, die Hilfe bei der Haushaltsführung (wie Putzen, Essenszubereitung) und Körperpflege bieten, reichen irgendwann nicht mehr aus. Die relativ teure 24-Stunden-Betreuung können sich viele Haushalte nicht leisten. Bei schwerer Krankheit kommt diese unter Umständen auch nicht mehr in Frage, weil die Betreuerinnen über keine fundierte Fachausbildung in der Gesundheits- und Krankenpflege verfügen.

Bei Immobilität im Alter, das heißt bei Schwierigkeiten, sich selbstständig fortzubewegen, Sturzgefährdung und Bettlägerigkeit, ist zudem die vorhandene häusliche Infrastruktur oft ungeeignet. Die Verteilung von Küche, Wohnzimmer, Schlafzimmern und Bad/WC auf unterschiedliche Stockwerke, enge, steile Treppen, Türschwellen oder eine Badewanne stellen oft kaum überwindbare Hürden dar.

Der Umzug in ein Pflegeheim ist in diesen Fällen meist der einzige Ausweg. Den Angehörigen kommt dann bei der Auswahl des Heims und vielfach auch bei der Kostenübernahme eine entscheidende Rolle zu. Durch regelmäßige Besuche im Heim, gemeinsame Ausflüge und Urlaube und sonstige häufige Kon-

---

Der Monatsverdienst netto für die betreuende Person reicht von 1.204,11 Euro (Pflegestufe 3) bis 2.033,50 Euro (Pflegestufen 5 – 7, Stand: Oktober 2023).

takte (Chats, Telefon- und Videotelefonanrufe) können sie wesentlich dazu beitragen, dass sich die Pflegebedürftigen in ihrer neuen Umgebung wohlfühlen. Dadurch ist auch eine Kontrolle möglich, dass die Versorgung und Pflege wie vereinbart erfolgt.

2.2.7 Pflegebedürftige

Pflegebedürftige ziehen wie erwähnt üblicherweise dann in ein Pflegeheim um, wenn sie aufgrund ihres hohen Alters und ihres sich verschlechternden Gesundheitszustands eine professionelle Pflege und medizinische Versorgung durch qualifiziertes Fachpersonal rund um die Uhr benötigen. Vorteile gegenüber der häuslichen Betreuung sind ferner die Sicherheit in Notfällen durch ständige Beobachtung, die Unterhaltung und sozialen Kontakte durch diverse Aktivitäten und die an die Bedürfnisse angepasste, barrierefreie Wohnsituation. Darüber hinaus ist es in vielen Fällen ein wichtiges Motiv, dass die Pflegebedürftigen ihren Angehörigen zu Hause nicht zur Last fallen wollen.

In *Deutschland* gab es nach Angaben des Statistischen Bundesamts Ende 2021 fünf Millionen Pflegebedürftige (107). Das waren 5,9 Prozent der Bevölkerung von 84,5 Millionen. Davon hatten 13,4 Prozent den Pflegegrad 1, 40,8 Prozent den Pflegegrad 2, 28,5 Prozent den Pflegegrad 3, 12,3 Prozent den Pflegegrad 4 und 4,9 Prozent den Pflegegrad 5. Vier Fünftel der Pflegebedürftigen waren 65 Jahre und älter, ein Drittel war mindestens 85 Jahre alt. Die Mehrheit der Pflegebedürftigen ist weiblich. Mit zunehmendem Alter steigt die Wahrscheinlichkeit, pflegebedürftig zu sein. Während bei den 70- bis 74-Jährigen rund 9 Prozent pflegebedürftig waren, wurde für die ab 90-Jährigen eine Pflegequote von 82 Prozent ermittelt.

Rund ein Sechstel der Pflegebedürftigen (16 Prozent bzw. 0,79 Millionen) wurde in Pflegeheimen vollstationär betreut. Im Jahr 2015 waren es noch 27,5 Prozent. Die Quote ist vermutlich wegen der Neudefinition der Pflegebedürftigkeit bei der Umstellung auf Pflegegrade im Jahr 2017 (massiver Zuwachs der Pflegebedürftigen insgesamt) und wegen der Corona-Pandemie (hohe Sterblichkeitsrate unter Heimbewohnern, Aufnahmestopp, Verschiebung oder Absage des geplanten Umzugs ins Heim) gesunken. Fast 70 Prozent der Heimbewohner waren Frauen. (107) Die durchschnittliche Verweildauer bis zum Tod beträgt zirka 2,5 Jahre. Männliche Bewohner leben bis zu ihrem Versterben durchschnittlich nur halb so lange im Heim (18 Monate) wie pflegebedürftige Frauen (35 Monate). (109)

In *Österreich* gab es im Jahresdurchschnitt 2022 rund 470.000 Pflegegeldbezieher. Das waren 5,2 Prozent der Bevölkerung von 9,1 Millionen. Davon entfielen 28 Prozent auf die Pflegestufe 1, 21,4 Prozent auf die Pflegestufe 2, 18,8 Prozent auf die Pflegestufe 3, 14,6 Prozent auf die Pflegestufe 4, 11 Prozent auf die Pflegestufe 5, 4,2 Prozent auf die Pflegestufe 6 und 1,9 Prozent auf die Pflegestufe 7. 62,2 Prozent der Gesamtzahl der Pflegegeldbezieher waren Frauen. In stationären Einrichtungen wurden rund 20 Prozent betreut, der Frauenanteil betrug dort 71 Prozent. Die Heimbewohner waren zu 82 Prozent 75-jährig oder älter. 50 Prozent waren 85 Jahre oder älter. Fast drei Viertel bezogen Pflegegeld der Stufen 4 bis 7. (106)

Die Eingewöhnung an die geänderten Lebensumstände im Heim ist für die Pflegebedürftigen nicht einfach. *Akzeptanzprobleme* können sich durch Persönlichkeitsmerkmale ergeben, die nicht mit den neuen Verhältnissen kompatibel sind, wie zum Beispiel der Bildungsgrad, die sozialen und kulturellen Interessen, das Anspruchsniveau bezüglich des Essens, die Kommunikationsbedürfnisse usw. Ständig nur mit Alten und Gebrechlichen zusammen zu sein, ist auch nicht jedermanns Sache.

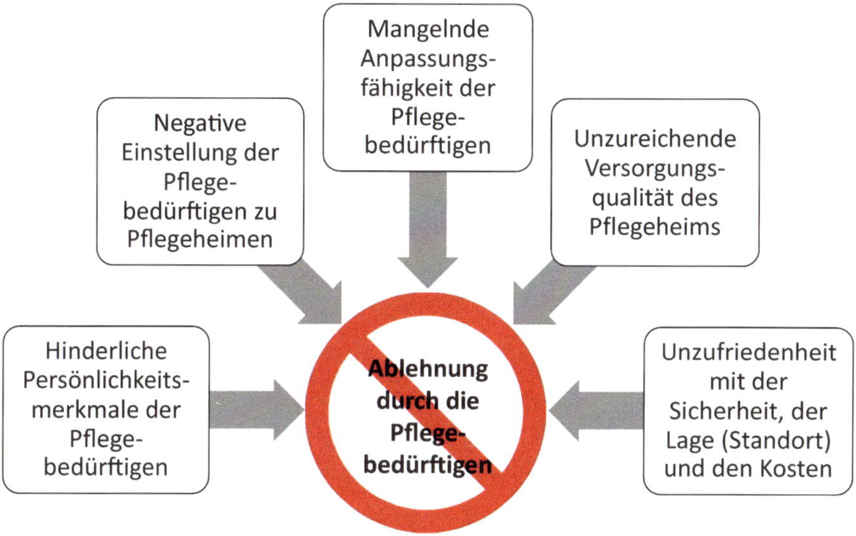

Abb. 18: Ursachen der Ablehnung von Pflegeheimen durch die Pflegebedürftigen

Manche Pflegebedürftige haben grundsätzliche Vorbehalte gegen einen Heimaufenthalt und sind nur dort, weil die häusliche Betreuung nicht mehr machbar war oder weil ihre Angehörigen sie zu dem Wechsel ins Heim gedrängt haben. Oft fällt es auch schwer, sich an die fehlende Familie, die neue Umgebung, die restriktive Hausordnung und die starren Tagesabläufe zu gewöhnen: Zum Beispiel, wenn statt der bisherigen 120-Quadratmeter-Wohnung nur noch ein 20-Quadratmeter-Zimmer ohne genügend Stauraum zur Verfügung steht, wenn die vertrauten Möbel, das Klavier, die Katze oder der Hund fehlen, wenn die Bewegungsfreiheit eingeschränkt wird oder wenn schon um 11.30 Uhr zu Mittag gegessen werden muss. Der Heimaufenthalt kann auch zu einer Verschlechterung des Gesundheitszustands führen, weil

- das Ansteckungsrisiko bei Grippe, Corona, Norovirus-Gastroenteritis und sonstigen Krankheiten durch die gemeinsamen Mahlzeiten und Gruppenaktivitäten sowie durch das Personal und die Besucher höher ist,
- die Kontakte zu Angehörigen, Bekannten und Freunden reduziert werden und
- die Pflege unter Umständen Mängel aufweist.

Von Heimträgern beauftragte Befragungen zeigen (im Gegensatz zum schlechten Image der Pflegeheime in der Öffentlichkeit) eine hohe Zufriedenheit von Heimbewohnern und Angehörigen mit der Qualität der Heime. Siehe zum Beispiel (62), (77) und (78). Am wenigsten werden die Erwartungen bezüglich der fachspezifischen Versorgung, Essen und Trinken, Sicherheit und Personal erfüllt. Beklagt werden die mangelnde Verfügbarkeit bzw. Überforderung der Mitarbeiter, die gelegentliche Unfreundlichkeit und die wechselnden Ansprechpartner. Etwa 20

Prozent der Befragten würden ihr Heim nur mit Einschränkungen oder auf gar keinen Fall weiterempfehlen.

2.2.8 Pflegekräfte

Die Qualität der Pflege hängt maßgeblich von der Anzahl, Qualifikation und dem Engagement der *Pflegekräfte* ab. Das gilt sowohl für die Ebene der einzelnen Pflegebedürftigen, als auch für die Ebene der einzelnen Pflegeeinrichtungen und für den Pflegesektor insgesamt. Im Jahr 2022 waren in *Deutschland* knapp 1,7 Millionen vorwiegend weibliche Pflegekräfte sozialversicherungspflichtig beschäftigt, davon rund 30 Prozent in vollstationären Heimen. Der Anteil der Teilzeitbeschäftigten ist mit zirka 65 Prozent sehr hoch. In *Österreich* sind zurzeit rund 127.000 Pflege- und Betreuungspersonen (100.600 Vollzeitäquivalente) im akutstationären Bereich und im Langzeitbereich beschäftigt: rund 67.000 im Krankenhaus und rund 60.000 in Betreuungs- und Pflegeeinrichtungen. Davon sind 85 Prozent weiblich. In beiden Ländern herrscht ein akuter Mangel an Pflegekräften, wodurch Krankenhausbetten und Pflegeheimplätze nicht mehr voll ausgelastet werden können und Qualitätsmängel in der Pflege auftreten. Vor allem Pflegeheime privater erwerbswirtschaftlicher Träger sind wegen der Vernachlässigung von Patienten (fehlende Unterstützung der Bewohner beim Essen, Trinken und bei der Körperpflege) aufgrund personeller Unterbesetzung in die Schlagzeilen geraten.

Richtwert für die Mindestpersonalausstattung von Pflegeheimen ist der sogenannte *Personalschlüssel*. Dieser bestimmt, wieviel Pflegepersonal je Pflegebedürftigem in Abhängigkeit vom Pflegegrad bzw. der Pflegestufe vorhanden sein muss.

Pflegestufe	Vollzeitbeschäftigte Betreuungs- und Pflegeperson	Heimbewohner
0	1	20
1	1	20
2	1	7
3	1	2
4	1	1,75
5	1	1,5
6	1	1,25
7	1	1

Abb. 19: Personalschlüssel für Pflegeheime in Wien

Der Personalschlüssel unterscheidet sich in den verschiedenen Bundesländern, wofür es keine pflegewissenschaftliche Erklärung gibt. Hält ein Pflegeheim die Vorgaben nicht ein, droht dem Träger der Entzug der Betriebserlaubnis.

Die obige Tabelle zeigt den Personalschlüssel für Wien. Dieser kann aus Gründen der Arbeitsmarkt- und Ausbildungssituation oder aus besonders berücksichtigungswürdigen Gründen im Zusammenhang mit dem Personalkonzept eines Heimes bis zu 10 Prozent unterschritten werden. (Quelle: § 4 DWWPG - Durchführungsverordnung zum Wiener Wohn- und Pflegeheimgesetz)

Im Durchschnitt sind zirka 70 Prozent der Gesamtkosten von Pflegeheimen Personalkosten. Ein höherer Personalschlüssel verbessert die Versorgungsqualität, erhöht aber auch die Kosten. Wenn eine solche Kostensteigerung nicht durch eine entsprechende staatliche Förderung kompensiert wird, erhöht sich der Eigenanteil der Heimbewohner, weil die Heime die Kostensteigerungen durch Preiserhöhungen weitergeben (müssen). Da in letzter Zeit viele Pflegeheime durch die Pandemiefolgen, den Fachkräftemangel und die inflationären Kostensteigerungen in finanzielle Schwierigkeiten geraten sind und die Personalvorgaben kaum mehr einhalten können, wurde vom deutschen Arbeitgeberverband Pflege die Forderung nach Absenkung der Personalschlüssel („Goldstandard") erhoben (60).

In *Deutschland* kommt seit Mitte 2023 ein neues *bundeseinheitliches Personalbemessungsverfahren für Pflegeheime* zum Einsatz. Die erforderliche Mitarbeiterzahl eines Pflegeheims wird entsprechend der Anzahl der Bewohner in jedem Pflegegrad nach vier verschiedenen Qualifikationsstufen differenziert:

- Fachkräfte mit dreijähriger Ausbildung,
- Assistenzkräfte mit zweijähriger Ausbildung,
- Assistenzkräfte mit einjähriger Ausbildung,
- angelernte Kräfte.

Während bisher mindestens 50 Prozent des Personals Pflegefachkräfte sein mussten, geht man nach dem neuen Bemessungsverfahren von zirka 40 Prozent Fachkräften, zirka 30 Prozent Assistenzkräften und zirka 30 Prozent Hilfskräften ohne Assistenz- oder Helferausbildung aus. Die in Bezug auf die oben genannten Berufsgruppen vorgesehenen Vollzeitäquivalente für die einzelnen Pflegegrade sind in § 113c des Sozialgesetzbuches XI angeführt (https://dejure.org/gesetze/SGB_XI/113c.html).

Durch das neue Verfahren, das bis Ende 2025 umgesetzt werden muss, ergibt sich ein erheblicher Mehrbedarf an Personal (36 Prozent, das sind über 100.000 Vollzeitäquivalente). Vor allem fehlen Pflegeassistenzkräfte mit ein- bis zweijähriger Ausbildung, damit die Pflegefachkräfte künftig vor allem Aufgaben wahrnehmen können, die ihrer Qualifikation entsprechen. Nach dem Anfang 2021 in Kraft getretenen Gesundheitsversorgungs- und Pflegeverbesserungsgesetz sollen in der vollstationären Altenpflege zunächst 20.000 zusätzliche Stellen für Pflegehilfskräfte finanziert werden. Der Eigenanteil der Pflegebedürftigen soll dadurch nicht steigen, die Stellen werden vollständig durch die Pflegeversicherung finanziert.

Die Ausbildung der Pflegekräfte wird in Deutschland durch das *Pflegeberufegesetz* geregelt, das eine dreijährige duale Fachkraftausbildung mit Unterricht in Pflegeschulen und praktischer Ausbildung in einem Krankenhaus oder einer Pflegeeinrichtung vorsieht. Die theoretischen Inhalte beziehen sich hauptsächlich auf die Bereiche Anatomie, Physiologie und Pathologie, sowie auf die Rechtslage im Bereich der Gesundheitsversorgung. Diese generalistische Pflegeausbildung wird mit einer staatlichen Prüfung abgeschlossen (geschützte Berufsbezeichnung „Pflegefachfrau“ bzw. „Pflegefachmann) und ist für die Auszubildenden kostenlos. Eine Spezialisierung im Bereich der stationären Langzeitpflege ist durch die Wahl der Ausbildungseinrichtung und eine Vertiefung im letzten Ausbildungsdrittel möglich. In diesem Fall kann der Berufsabschluss „Altenpfleger/in“ gewählt werden.

Die Ausbildungsvergütung beträgt zirka 1.200 Euro im ersten Jahr, 1.300 Euro im zweiten und 1.500 Euro im dritten Jahr. Die Pflegeschulen und Träger der praktischen Ausbildung erhalten die Kosten der Pflegeausbildung inklusive der Ausbildungsvergütungen aus länderspezifischen Ausbildungsfonds erstattet, die vom Bund refinanziert werden.

Ergänzend zur beruflichen Pflegeausbildung gibt es vorwiegend an Fachhochschulen ein berufsqualifizierendes Pflegestudium, das mindestens drei Jahre dauert und mit der Verleihung des akademischen Grades Bachelor abschließt. Die staatliche Prüfung zur Erlangung der Berufszulassung ist Bestandteil der hochschulischen Prüfung. Die Berufsbezeichnung „Pflegefachfrau“ bzw. „Pflegefachmann“ wird in Verbindung mit dem akademischen Grad geführt. Zur Übersicht über die primärqualifizierenden Studiengänge in den einzelnen Bundesländern siehe https://www.pflegeausbildung.net/dein-weg-in-den-pflegeberuf/pflegestudium/uebersicht-der-studiengaenge.html

Darüber hinaus sind vertiefende, spezialisierte Studien möglich. Die Website pflegestudium.de (95) listet 116 Fachhochschulen und Universitäten, die folgende Studiengänge anbieten (Wintersemester 2023/24):

- Advanced Nursing Practice (15 Angebote),
- Gerontologie (13),
- Gesundheitsmanagement (62)
- Gesundheitswissenschaft (21),
- Palliativpflege (4),
- Pflege (64),
- Pflegemanagement (42),
- Pflegepädagogik (32),
- Pflegewissenschaft (48),
- Psychiatrische Pflege (8).

In *Österreich* sind nach dem *Gesundheits- und Krankenpflegesetz* ebenfalls drei Qualifikationsstufen für Pflegeberufe vorgesehen (siehe Abb. 20). Die Pflegeausbildung von Berufsanfängern wird mit 600 Euro pro Monat staatlich gefördert. Für über 20-jährige Arbeitslose und von ihrem Arbeitgeber karenzierte Personen, die an Ausbildungen des Arbeitsmarktservices (AMS) im Pflegebereich teilnehmen, gibt es vom österreichischen Gesundheitsministerium ein Stipendium in Höhe von mindestens 1.400 Euro monatlich (maximal vier Jahre).

<table>
<tr><th>Diplomierte/r Gesundheits- und Krankenpfleger/in (DGKP)</th><th>Pflegefachassistent/in</th><th>Pflegeassistent/in</th></tr>
<tr><td>Ausbildungsdauer
3 Jahre</td><td>Ausbildungsdauer
2 Jahre (2.200 Stunden) in Vollzeit, verkürzte Ausbildung für Pflegeassistentinnen</td><td>Ausbildungsdauer
1 Jahr (1.600 Stunden) in Vollzeit oder eineinhalb bis zwei Jahre bei Teilzeit</td></tr>
<tr><td>Ausbildungsform
Vollzeitstudium an einer Fachhochschule, Abschluss „Bachelor of Science in Health Studies“, 180 ECTS</td><td>Ausbildungsform
Pflegeschule oder Lehrgang in Vollzeit oder berufsbegleitend</td><td>Ausbildungsform
Pflegeschule oder Lehrgang in Vollzeit oder berufsbegleitend</td></tr>
<tr><td>Tätigkeitsfeld<ul><li>Erhebung des Pflegebedarfs und Einschätzung der Pflegeabhängigkeit</li><li>Diagnostik, Planung, Organisation, Durchführung, Kontrolle und Evaluation des Pflegeprozesses</li><li>Gesundheitsberatung und Gesundheitsförderung im Rahmen der Pflege</li><li>Anleitung und Begleitung von Pflegeassistenzkräften</li></ul></td><td>Tätigkeitsfeld<ul><li>Durchführung aller Tätigkeiten der allgemeinen Pflegeassistenz</li><li>eigenverantwortliche Durchführung der von Angehörigen des gehobenen Dienstes für Gesundheits- und Krankenpflege oder Ärzten übertragenen Aufgaben der Pflegeassistenz</li><li>Mitwirkung bei Diagnostik und Therapie, zum Beispiel EKG, EEG, Bioelektrische</li></ul></td><td>Tätigkeitsfeld<ul><li>Durchführung von Grundtechniken der Pflege und der Mobilisation</li><li>Körperpflege (z. B. Waschen, An- und Auskleiden)</li><li>Betreuung und Ressourcenförderung von Heimbewohnern</li><li>Beobachtung des Gesundheitszustandes der Heimbewohner</li><li>prophylaktische Pflegemaßnahmen</li></ul></td></tr>
</table>

Diplomierte/r Gesundheits- und Krankenpfleger/in (DGKP)	Pflegefachassistent/in	Pflegeassistent/in
• Erkennen und Einschätzen von Notfällen und Setzen entsprechender Maßnahmen • Mitarbeit bei medizinisch-diagnostischen und therapeutischen Maßnahmen wie zum Beispiel Medikamentenmanagement, Wundmanagement usw. • Zusammenarbeit mit anderen Gesundheitsberufen: Aufnahme- und Entlassungsmanagement, Steuerung des Behandlungs- und Betreuungsprozesses, ethische Entscheidungsfindungen usw.	Impedanzanalyse (BIA), Lungenfunktionstest, Legen und Entfernen von Magensonden, Setzen und Entfernen von transurethralen Kathetern, Infusionen, Bluttransfusionen, Anlegen von Miedern, Orthesen und elektrisch betriebenen Bewegungsschienen.	• Dokumentation der durchgeführten Pflegemaßnahmen • Ernährung (falls nötig, Unterstützung beim Essen) • nach schriftlicher ärztlicher Anordnung Verabreichung von Arzneimitteln, Anlegen von Bandagen, Verbänden und Injektionen, standardisierte Blut-, Harn- und Stuhluntersuchungen, Blutentnahme, Sondenernährung bei liegenden Magensonden, Messen von Blutdruck, Puls, Temperatur, Gewicht sowie Beobachtung der Bewusstseinslage oder Atmung sowie einfache Wärme- und Lichtanwendungen.

Abb. 20: Ausbildung und Tätigkeitsfeld von Pflegekräften in Österreich

Die *Gehälter* für Pflegehelfer betragen in *Deutschland* real mindestens 25.900 Euro und höchstens 34.600 Euro brutto pro Jahr. Das Durchschnittsgehalt befindet sich bei 29.900 Euro. Pflegefachfrauen und -männer verdienen in Deutschland zwischen 30.700 Euro und 43.900 Euro brutto pro Jahr, das Mediangehalt beträgt 38.200 Euro. Mit einem Bachelor-Abschluss beträgt die Gehaltsspanne 36.400 Euro bis zu 68.600 Euro pro Jahr. Die gesetzlich festgelegten Mindestlöhne sollen ab Mitte 2025 für Pflegehilfskräfte auf 16,10 Euro je Stunde (derzeit 14,15 Euro), für qualifizierte Pflegehilfskräfte auf 17,35 Euro je Stunde (derzeit 15,25 Euro) und für Pflegefachkräfte auf 20,50 Euro (derzeit 18,25 Euro) steigen. (98) (104) In Privathaushalten gilt weiterhin der allgemeine gesetzliche Mindestlohn von aktuell 12 Euro pro Stunde.

In *Österreich* reicht der Gehaltsrahmen für Pflegeassistentinnen und -assistenten von 28.100 Euro bis 38.400 Euro brutto pro Jahr, das Mediangehalt beträgt 33.000 Euro. DGKP können ein jährliches Durchschnittsgehalt von 40.900 Euro brutto erwarten, minimal 34.300 Euro und maximal 49.800 Euro. (Quelle der vorstehenden Gehaltsangaben ist die führende Jobbörse Stepstone, Online-Abruf am 15. Oktober 2023). Die Gehälter sind vom Qualifikationsniveau, der Berufserfahrung (Dienstjahre), dem Aufgabenfeld, der Region und dem Arbeitgeber abhängig. In Großstädten und von staatlichen Trägern der Pflegeeinrichtungen werden höhere Gehälter bezahlt als auf dem Land und von gemeinnützigen und privaten Trägern. Altenpfleger verdienen tendenziell weniger als Pflegekräfte in Krankenhäusern.

Neben der Zahl der Pflegekräfte (in Relation zur Anzahl und Betreuungsnotwendigkeit der Heimbewohner) ist ihre *Qualifikation* ein wichtiges Kriterium. Dazu gehören neben einer entsprechenden fachlichen Ausbildung (siehe oben) und guten Sprachkenntnissen soziale Kompetenzen wie Freundlichkeit, Fröhlichkeit, Flexibilität, Kommunikationsbereitschaft, Einfühlungsvermögen, Anteilnahme, Teamgeist, Verantwortungsgefühl, Fleiß und Belastbarkeit. Zur Frage, ob die Tätigkeit in der Pflege „nur" ein Beruf wie jeder andere zum Geld verdienen ist, oder ob sie eine Berufung (Lebenseinstellung, Ideologie) voraussetzt, anderen Menschen helfen zu wollen, gehen die Meinungen auseinander. Die Freude und Dankbarkeit der unterstützten Pflegebedürftigen sind auf jeden Fall ein wichtiger Motivator und Grund dafür, warum fast alle Pflegekräfte ihrem Beruf trotz der manchmal schlechten Rahmenbedingungen in Heimen mit Herzblut nachgehen.

2.3 Kosten für einen Pflegeheimplatz im Vergleich zur 24-Stunden-Betreuung

Abb. 21: Preise eines Heimplatzes

Die Abb. 21 zeigt die Preise, die von Pflegeheimen für einen Platz in Rechnung gestellt werden können. Die Preise können pauschal für die Unterbringung, Verpflegung, Betreuung/Pflege (differenziert nach dem Pflegegrad bzw. der Pflegestufe) und eventuell für die Investitionskosten verlangt werden oder sie werden nach Leistungskategorien aufgeschlüsselt in Rechnung gestellt.

Die Abb. 22 beschreibt als *Beispiel die pauschalen Tagestarife für Unterkunft, Verpflegung und Betreuung/Pflege eines großen Wiener städtischen Pflegeheims,* bei dem alle Zimmer gleich groß (30 m²) und gleich ausgestattet sind. Eine Investitionszulage wird von diesem Heim nicht verlangt.

Leistungsbereich	**Pflegestufen**	**Tagestarife in Euro inkl. 10 % Umsatzsteuer**
Betreutes Wohnen mit Tagesbetreuung	Pflegestufe 1	87,38
	Pflegestufe 2	93,39
	Pflegestufe 3	140,12
	Pflegestufe 4	144,77
	Pflegestufe 5	150,95
	Pflegestufe 6	159,63
	Pflegestufe 7	172,65
	Abwesenheitstarif	75,49
Pflegeplatz – allgemeine Pflege und Betreuung	Pflegestufe 3	212,27
	Pflegestufe 4	225,69
	Pflegestufe 5	243,65

Leistungsbereich	Pflegestufen	Tagestarife in Euro inkl. 10 % Umsatzsteuer
	Pflegestufe 6	268,66
	Pflegestufe 7	306,26
	Abwesenheitstarif	106,27
Pflegeplatz – Leistung Demenz	Pflegestufe 3	244,48
	Pflegestufe 4	257,87
	Pflegestufe 5	275,85
	Pflegestufe 6	300,88
	Pflegestufe 7	338,48
	Abwesenheitstarif	101,95

Abb. 22: Pauschale Tagestarife für Unterkunft, Verpflegung und Betreuungsleistungen eines großen Wiener städtischen Pflegeheims mit Demenzstation (2023)

Die *Grundpreise eines anderen großen privaten Heims in Wien* betragen für das Wohnen und eine minimale Grundbetreuung in Ein-Zimmer-Apartments je nach Größe des Zimmers (30 – 51 m²) und des Balkons/Terrasse (4 oder 11 m²) pro Monat von 1.745,30 Euro bis 2.234,80 Euro, bei der Belegung mit zwei Personen plus 290 Euro (Stand: Oktober 2023). Apartments mit getrenntem Wohn- und Schlafraum (41 – 80 m²) und Terrasse (4, 11 oder 19 m²) kosten von 2.212,40 Euro bis 5.956,60 Euro monatlich, egal ob die Belegung durch ein oder zwei Personen erfolgt. Die Preise inkludieren die drei Mal wöchentliche Apartmentreinigung, den Wechsel von Handtüchern, Badetuch und Bettwäsche, Satelliten-TV-Anschluss inklusive TV-Gebühren, sämtliche Betriebs- und Nebenkosten für Strom, Heizung, Wasser, Abwasser, Müllentsorgung, Telefongrundgebühr, Telefongespräche innerhalb des Hauses, 24 Stunden besetzte Rezeption, Videoüberwachung der Hauseingänge und Garageneinfahrt, moderne Aufzüge mit Sprachansage, einbruchsichere Türschlösser (Kartensystem), diverse Montagen bei Einzug (zum Beispiel Bilder, Lampen) und technische Beratung (zum Beispiel Fernseher, Computer). Die Grundbetreuung beinhaltet einen wöchentlichen Gesundheitscheck durch das Pflegepersonal, die Organisation der Wäscheversorgung (private Wäsche), Begleitung und Hilfe beim Ankleiden im Ausmaß von einer Stunde pro Woche sowie die Hilfe bei Mahlzeiten im Ausmaß einer weiteren Stunde pro Woche. Für die Halbpension werden monatlich 384,80 Euro, für die Vollpension 492,30 Euro pro Person Aufpreis verlangt. Die Preise in der Pflegestation reichen im Einzelzimmer von 4.869,16 Euro (Pflegestufe 0) bis 6.588,46 Euro (Pflegestufe 7). Im Doppelzimmer beträgt der Höchstwert 5.842,80 Euro, im Dreibettzimmer 5.292,89 Euro.

Wenn die Pflegekosten nicht pauschal sondern je nach Notwendigkeit als Einzelleistungen verrechnet werden, ist es für die Betroffenen bzw. die Angehörigen oft schwer, die Rechnungstellung nachzuvollziehen. Dasselbe Transparenzproblem besteht bezüglich der zusätzlichen Leistungen.

Wenn das Einkommen (Rente/Pension und sonstiges Einkommen), das Pflegegeld bzw. die Übernahme der Pflegekosten durch die Pflegeversicherung und die Unterhaltsverpflichtung von Angehörigen zur Finanzierung dieser Kosten nicht ausreichen, unterstützt die öffentliche Hand in Form einer Zuzahlung aus der Sozialhilfe. In Deutschland wird auch das Vermögen (Haus, Aktien usw.) des Pflegebedürftigen bis auf einen Betrag von 10.000 Euro (Schonvermögen) zur Finanzierung herangezogen. Dem Ehepartner steht ebenfalls dieser Schonbetrag zu. In Österreich ist dieser sogenannte Pflegeregress, der Rückgriff auf das Vermögen, seit Anfang 2018 abgeschafft. Näheres hierzu wurde im Abschnitt 2.2.5 über Pflegeversicherungen erläutert.

Der *Eigenanteil,* den die Heimbewohner bzw. ihre Angehörigen aufbringen müssen, ist durch die unterschiedlich hohe Förderung von Bundesland zu Bundesland verschieden. In *Deutschland* beträgt der Eigenanteil im Bundesdurchschnitt 2.411 Euro monatlich, die Spannbreite reicht von 1.868 Euro in Sachsen-Anhalt bis 2.845 Euro in Baden-Württemberg (ohne Berücksichtigung der nach Aufenthaltsdauer gestaffelten Zuschüsse, des sog. Leistungszuschlags, Stand: 2023).

Im folgenden Abschnitt wird anhand eines realen Falls die Berechnung des Eigenanteils in *Österreich* gezeigt. Dabei werden *die Kosten der häuslichen Pflege mit Unterstützung von zwei 24-Stunden-Betreuerinnen mit den Kosten eines Pflegeheimplatzes für eine schwer Demenzkranke* verglichen. Danach sind die Kosten für einen Heimplatz fast doppelt so hoch wie die

Kosten der Pflege zu Hause. Der monatliche Eigenbeitrag ist hingegen bei der häuslichen Betreuung um 484 Euro höher. Das bedeutet, dass die staatliche Förderung eines Pflegebedürftigen im Heim im vorliegenden Fall fast dreimal so viel kostet wie im häuslichen Umfeld.

Betreuung durch Angehörige zu Hause mit Unterstützung von zwei abwechselnd tätigen 24-Stunden-Betreuerinnen		**Betreuung in einem Pflegeheim, am Beispiel des Hauses Döbling der Stadt Wien**	
Leistungen	Monatliche Kosten in €	Leistungen	Monatliche Kosten in €
Rund-um-die Uhr-Betreuungsleistung der Angehörigen → nicht bewertet		Auf Besuche reduzierte Betreuungsleistung der Angehörigen → nicht bewertet	
Unterkunft und Verpflegung der Pflegebedürftigen → nicht bewertet		Unterkunft, Verpflegung und Pflege laut Betreuungsvertrag → Tagespauschale von 283,38 € x 30,42 Tage	8.620,42
Honorar der 24-Stunden-Betreuerinnen → Tagespauschale von 100 € x 365 Tage + 13 Feiertage + 14	3.266,67		

Betreuung durch Angehörige zu Hause mit Unterstützung von zwei abwechselnd tätigen 24-Stunden-Betreuerinnen		**Betreuung in einem Pflegeheim, am Beispiel des Hauses Döbling der Stadt Wien**	
Leistungen	Monatliche Kosten in €	Leistungen	Monatliche Kosten in €
Fahrtage[7] = 32,67 Tagespauschalen im Monatsdurchschnitt			
Ersatz der Fahrtkosten der 24-Stunden-Betreuerinnen → 180 € x 14 /12	210,00		
Kost und Logis der 24-Stunden-Betreuerinnen pauschal	1.000,00		
Dienstleistungen der Vermittlungsagentur pauschal	275,00		
Monatliche Gesamtkosten der häuslichen Pflege mit 24-Stunden-Betreuung	4.751,67	Monatliche Gesamtkosten der Pflege im Pflegeheim	8.620,42

[7] Die 13 gesetzlichen Feiertage in Österreich und die Turnuswechseltage werden doppelt, das heißt mit je 200,00 Euro bezahlt.

Betreuung durch Angehörige zu Hause mit Unterstützung von zwei abwechselnd tätigen 24-Stunden-Betreuerinnen		**Betreuung in einem Pflegeheim, am Beispiel des Hauses Döbling der Stadt Wien**	
Staatliche Förderung	Pro Monat in €	Staatliche Förderung	Pro Monat in €
Pflegegeld der Stufe 6	1.430,20	Pflegegeld der Stufe 6	1.430,20
Staatlicher Zuschuss zur 24-Stunden-Betreuung (Bund)	800,00	Kostenzuschuss der Stadt Wien (FSW) = Gesamtkosten von 8.620,42 € minus dem Eigenbeitrag von 2.037,70 € und minus dem Pflegegeld von 1.430,20 € Die Berechnung des Eigenbeitrags wird weiter unten erläutert.	5.152,52
Gesamte staatliche Förderung	2.230,20	Gesamte staatliche Förderung	6.582,72
Monatlicher Eigenbeitrag der häuslichen Pflege mit 24-Stunden-Betreuung	2.521,47	Monatlicher Eigenbeitrag zur Pflege im Pflegeheim	2.037,70

Abb. 23: Kostenvergleich der häuslichen Betreuung einer Pflegebedürftigen der Pflegestufe 6 mit Hilfe von 24-Stunden-Be-

treuungskräften und der Betreuung in einem Pflegeheim für Demenzkranke (Oktober 2023)[8]

Der Rechnungsbetrag für das Heim ergibt sich wie folgt:

80 Prozent des Nettoeinkommens (Nettopension) der Pflegebedürftigen

\+ Pflegegeld der Pflegebedürftigen, abzüglich dem gesetzlichen Pflegegeld-Taschengeld in Höhe von 10 Prozent der Pflegegeldstufe 3

\+ Unterhaltsverpflichtung des Ehegatten (Differenz von 30 Prozent der beiden Einkommen)[9]

Das heißt im vorliegenden Fall:

80 Prozent der Rente von Anna = 365,45 Euro

\+ Pflegegeld der Stufe 6 von Anna in Höhe von 1.430,20 Euro minus Pflegegeld-Taschengeld in Höhe von 50,28 Euro = 1.379,90 Euro

\+ Unterhaltsverpflichtung des Ehegatten: Es werden 30 Prozent von beiden Einkommen gegenübergestellt, im

---

[8] Siehe Förderrichtlinie „Berechnung des Kostenbeitrages für Wohnen und Pflege" des FSW unter: https://www.fsw.at/downloads/foerderwesen_anerkennung/foerderrichtlinien/ergaenzende/spezifisch-ergaenzend/erg-spez-rl-berechnung-des-kostenbeitrages-fuer-wohnen-und-pflege.1658217983.pdf

[9] Der Unterhalt wird mit der 30-%-Regelung berechnet. Hat der Partner zu Hause das höhere Einkommen, ergibt sich der von ihm zu bezahlende Unterhalt aus der Differenz der 30-prozentigen Einkommensanteile. Zu beachten ist, dass ihm zumindest der 1,5-fache Mindeststandard gemäß Wiener Mindestsicherungsgesetz zuzüglich Miete (abzüglich „Grundbetrag Wohnbedarf" lt. den Mindeststandards im Wiener Mindestsicherungsgesetz) verbleibt.

vorliegenden Fall 137,04 Euro (Anna) und 1.809,29 Euro (Lorenz). Die Differenz dieser Beträge ergibt den monatlichen Unterhaltsbetrag in Höhe von 1.672,25 Euro.[10]

Summe (monatlicher Rechnungsbetrag 2023) = 3.417,60 Euro

Der monatliche Eigenbetrag ohne staatliche Förderung beträgt 2.037,70 Euro.

Der monatliche Eigenbeitrag für die häusliche Pflege mit 24-Stunden-Betreuung ist um zirka 20 Prozent (genau: 483,77 Euro) höher als für die Pflege im Heim. Dabei bleibt der Aufwand für die häusliche Betreuung durch die Angehörigen und die häusliche Infrastruktur unberücksichtigt. Betrachtet man statt der monatlichen Kosten die monatlichen Ausgaben, dann ist der Eigenbeitrag der häuslichen Alternative um ein Viertel niedriger (weil die Kosten für die Unterkunft und Verpflegung der 24-Stunden-Betreuungskräfte kalkulatorischer Natur und nicht zu bezahlen sind). Bei der Entscheidung zwischen häuslicher Pflege mit 24-Stunden-Betreuung versus Pflegeheim spielen die Kosten somit in dem dargestellten Fall eine untergeordnete Rolle, da sie sich bei beiden Alternativen in derselben Größenordnung bewegen.

[10] Bei weniger gut bemittelten unterhaltspflichtigen Partnern, die zu Hause wohnen bleiben, reduziert sich dieser Betrag zusätzlich um die Mietkosten bzw. bei einer Eigentumswohnung um die Betriebskosten. Im vorliegenden Fall werden diese Kosten nicht abgezogen, da Lorenz mehr als der 1,5-fache Mindeststandard gemäß Wiener Mindestsicherungsgesetz verbleibt.

Für Haushalte mit einem geringen Einkommen ist die 24-Stunden-Betreuung zu Hause jedoch meistens unerschwinglich. Glücklicherweise leben wir in einem Sozialstaat, in dem sich minderbemittelte Pflegebedürftige durch die massive staatliche Förderung wenigstens einen Pflegeheimplatz leisten können.

2.4 Fallstudie: Auswahl eines Pflegeheims

In diesem Abschnitt wird die Fallstudie aus Abschnitt 2.4 fortgesetzt. Zur Erinnerung: Die schwer demente Anna wird seit über zehn Jahren zu Hause in Wien von ihrem Ehemann Lorenz gepflegt, seit zwei Jahren mit Unterstützung von zwei sich abwechselnden 24-Stunden-Betreuerinnen. Nach der Reisberg-Skala zur Einstufung von Alzheimerkranken (18) befindet sich Anna schon seit längerer Zeit in der Phase 6, die im Durchschnitt 2,5 Jahre dauert. Die folgende, letzte *Phase 7* ist eine furchteinflößende Perspektive:

- Allmählicher Verlust der motorischen Grundfertigkeiten, wie die Fähigkeit zu Gehen und die Gliedmaßen zu kontrollieren (im Endstadium Verlust der Fähigkeit, den Kopf zu halten),
- Essen, Duschen und WC-Benutzung sind nur noch mit weitreichender Unterstützung möglich,
- Verlust der Fähigkeit zu sprechen oder nonverbal zu kommunizieren (Lächeln, Mimik).

Menschen mit sehr schwerer Demenz (Phase 7) benötigen rund um die Uhr eine professionelle Pflege und medizinische Versorgung, die oft nur in einem auf Demenz spezialisierten Pflegeheim möglich ist. Menschen im Alter von 75 bis 85 Jahren sterben meist innerhalb von sechs Monaten bis zwei Jahren nach Erreichen der Phase 7. Sie sind für Infektionen besonders anfällig, zu den häufigsten Todesursachen zählt die Lungenentzündung.

Dementsprechend hat Lorenz begonnen, sich mit dem Umzug von Anna in ein geeignetes Pflegeheim zu beschäftigen. Wegen der großen Zahl von Pflegeheimen und der vielfach geringen Transparenz der Angebote ist er dabei in den folgenden Schritten vorgegangen:

Abb. 24: Vorgehensweise zur Auswahl eines Pflegeheims (Nutzwertanalyse)

Der *erste Schritt* bei der Auswahl eines Pflegeheims war die *Definition der Bewertungskriterien*. Dazu wurde die nachstehend im Abschnitt 3.5 beschriebene Kriteriensammlung (Checkliste) erstellt. Ähnliche Muster gibt es von Alzheimer Schweiz (51), der Deutschen Alzheimer Gesellschaft (72), den Verbraucherzentralen (116), der Caritas (69), der Weissen Liste (119) und im MSD Manual (57). Da nicht alle Kriterien gleich bedeutsam sind, wurden sie gewichtet. Wegen der großen Zahl von Einzelkriterien wurde eine stufenweise *Gewichtung mit Prozentwerten* vorgenommen, die die relative Bedeutung der Kriterien zueinander zeigen (insgesamt 100 Prozent).

Im vorliegenden Fall wurden zunächst das Leistungsangebot und die Versorgungsqualität mit 60 Prozent, die Verfügbarkeit und Sicherheit des Heimplatzes mit 20 Prozent, die Lage (Standort) mit 15 Prozent und die Kosten mit 5 Prozent gewichtet. Die Kosten wurden deshalb so gering gewichtet, weil der Eigenbeitrag in Wien für alle geförderten Heime gleich hoch ist (Näheres folgt). Sodann wurden punkto Leistungsangebot und Versorgungsqualität die 60 Prozent auf die zehn Unterkriterien aufgeteilt, und zwar 5 Prozent auf den Träger, die Betriebsgröße, die Angebotsbreite, -tiefe und -ausrichtung, das Leitbild und die Pflegekonzeption, 20 Prozent auf die adäquaten pflegerischen Leistungen und die medizinische Betreuung, 10 Prozent auf die Einrichtungsmerkmale usw.

Im *zweiten Schritt* erfolgte auf der Basis des gewichteten Kriterienkatalogs eine *Grobauswahl der in Frage kommenden Heime*, da sonst wegen der zu großen Zahl von Alternativen keine seriöse, detaillierte Analyse möglich gewesen wäre. Basis waren Web-Kataloge des Sozialministeriums, der Bundesländer, der Pflegeversicherungen und von gemeinnützigen Organisationen (Näheres folgt). Sie beschreiben zumindest in Stichworten die verfügbaren Einrichtungen, Kontaktmöglichkeiten und lassen über Filter u.a. eine Standortsuche zu. Weitere Informationsquellen waren in der Folge die Webauftritte der in Betracht kommenden Heime, Qualitätszertifikate, Bewertungen, eventuell vorhandene Benutzerbefragungen, der Rat des Hausarztes und Facharztes sowie die Konsultation von Informations- und Beratungsstellen. Zu letzteren gehören Hochschulinstitute für Pflegewissenschaft, Sozialpolitik und Altersökonomie sowie gemeinnützige Vereine zur Unterstützung von Angehörigen und Betroffenen, wie im vorliegenden Fall Alzheimer Austria, Deutschland und Schweiz, IG-Pflege usw. Die im Internet veröffentlichten Ergebnisse von Befragungen der Heimbewohner und ihrer Angehörigen, die durch die Trägerorganisationen beauftragt wurden, sind meist wenig aussagekräftig. Sie haben eher den Charakter von PR-Material und verschweigen Schwachpunkte.

In Österreich sind Adresslisten der Pflegeheime über den Infoservice des Sozialministeriums und die Webauftritte der Bundesländer erhältlich, in Wien über den Fonds Soziales Wien (FSW). Es gibt ein Nationales Qualitätszertifikat für Alten- und Pflegeheime (NQZ) auf freiwilliger Basis, das von Bund und Ländern gemeinsam vergeben wird (91). Es sind jedoch nur sehr wenige Häuser zertifiziert (zirka 5 Prozent). In Deutschland ist die Informationslage wesentlich besser. Informationsquellen sind die Verbraucherzentralen (116), das Heimverzeichnis der Gesellschaft zur Förderung der Lebensqualität im Alter und bei Behinderung (80) sowie vor allem die verpflichtenden Transparenzberichte der Pflegekassen (52), (63), (112), siehe Abschnitt 2.2.5.

Im vorliegenden Fall wurde in der Phase der Grobauswahl anhand der Kriterien „Standort nicht weiter als 5 km von der bisherigen Wohnung entfernt“, „Spezialisierung auf Demenzkranke“ und „Empfehlung von Alzheimer Austria“ die Zahl der in Frage kommenden Heime bereits auf zwei reduziert: Heim CS Pramergasse der Caritas Socialis, Pramergasse 7, 1090 Wien, und Haus Döbling des Kuratoriums Wiener Pensionisten-Wohnhäuser der Stadt Wien, Grinzinger Allee 26, 1190 Wien. Die meisten Heime nehmen Demenzkranke im frühen Stadium auf, aber nur sehr wenige bieten eine eigene spezialisierte Station für Kranke mit mittlerer oder schwerer Demenz. So verfügen zum Beispiel von 30 städtischen Pflegeheimen in Wien („Häuser zum Leben“ des Kuratoriums Wiener Pensionisten-Wohnhäuser) nur das nahegelegene Haus Döbling und das über 20 km entfernte Haus Rosenberg über Schwerpunktstationen für Menschen mit demenziellen Erkrankungen, welche eine intensive, individuelle Betreuung und Pflege benötigen.

Im *dritten Schritt* erfolgten ein *Besuch und die Bewertung der in die engere Auswahl gekommenen Heime* durch Lorenz zusammen mit der pflegebedürftigen Anna. Dabei wurde jedes Heim in Bezug auf die einzelnen Kriterien analysiert und benotet, im Beispiel von 1 (schlecht) bis 10 (sehr gut). Falls möglich kann diese Bewertung auch getrennt durch die Pflegebedürftigen und mehrere Angehörige vorgenommen werden. Durch die Multiplikation der Punkte mit dem jeweiligen Gewichtungsfaktor und die Addition der Punktwerte ergibt sich der jeweilige Nutzwert des Heims. Das Heim mit dem höchsten Nutzwert (= höchster Gesamtnutzen) ist dann das bestgeeignete, das heißt, es entspricht den individuellen Präferenzen am besten. Bei Abweichungen der Reihung der Alternativen durch die Pflegebedürftigen und die Angehörigen muss die Entscheidungsfindung im Diskussionsweg erfolgen. Bei Pflegebedürftigen mit schwerer Demenz obliegt die Beurteilung allein den Angehörigen.

Das *Problem* dabei ist, dass viele Pflegeheime die notwendige Information nicht zur Verfügung stellen und nur zögerlich auf Besichtigungswünsche eingehen. Durch die Pflegeengpässe bzw. die langen Wartelisten sind sie nicht motiviert, die Pflegebedürftigen und ihre Angehörigen bei der Heimauswahl zu unterstützen. Interessenten werden auf die wenig aussagekräftigen Hochglanzprospekte verwiesen.

Pflegeheim Haus Döbling

Zum Beispiel war das zunächst beim städtischen *Haus Döbling* so, das in die engste Wahl gekommen ist (siehe https://kwp.at/haeuser/haus-doebling/). Auf persönliche und telefonische Anfragen wurde von der Rezeption mitgeteilt, dass eine Hausbesichtigung nicht möglich sei, nur der Eingangsbereich dürfe betreten werden. Erst bei einer dritten Anfrage wurde nach Rücksprache mit dem Management ein Besichtigungstermin ermöglicht. Vorher wurde von der Rezeption vor Ort stets an den FSW verwiesen, der jedoch ebenfalls keine detaillierten Angaben zur Verfügung stellt. Als Lorenz an der Rezeption gefragt hat, wie man aufgrund der rudimentären Information ein Heim auswählen könne, wurde ihm geantwortet, er und Anna müssten froh sein, wenn sie infolge der angespannten Situation irgendwo einen Platz fänden.

Abb. 25: Das 2012 eröffnete Haus Döbling – ohne vorher vereinbarten Besichtigungstermin darf nur der kahle Eingangsbereich besichtigt werden

Bezüglich der Warteliste hat der FSW mitgeteilt, dass die Platzvermittlung die nötigen Kundendaten erst nach der Förderbewilligung einsehen könne. Die Reihung auf der Warteliste richte sich streng nach Datum, in akuten Fällen jedoch auch nach dem Pflegebedarf und der Dringlichkeit - das werde erst im Zuge der Bearbeitung festgestellt, daher sei eine Vorabauskunft nicht möglich. Auch im Internet ist über das Haus Döbling keine in die Tiefe gehende Information verfügbar: Neben einem vierseitigen Prospekt gibt es nur sehr wenige Bewertungen (und wenig Kritik: Qualität des Essens, vereinzelt unfreundliche Betreuungskräfte, fehlender Stauraum in den Zimmern), dafür aber auf Facebook Hunderte von Fotos von sich unterhaltenden, essenden, feiernden und Polonaise tanzenden Heimbewohnern.

Durch die von einer Teamleiterin begleitete Begehung und ein dabei geführtes Gespräch mit einem Stationsleiter wurde die Informationslage und die Meinung von Lorenz über das Haus Döbling erheblich verbessert. Man muss also insistieren!

Insgesamt hat Lorenz einen sehr guten Eindruck bekommen. Besonderheiten des Hauses sind neben einem Kindergarten das stationäre Hospiz und der Einzug erst ab Pflegestufe 3. Das Haus verfügt über 252 Pflegeplätze, die auf 14-er-Wohngruppen aufgeteilt sind. Zwei dieser Wohngruppen sind für Demenzkranke vorgesehen. Voraussetzung für die Aufnahme ist ein Mini-Mental-Status von 20 oder weniger (Annas MMSt betrug schon im Vorjahr 11, sie wäre damit aufnahmeberechtigt). Die Demenzkranken tragen dort ein Ortungsgerät, das beim Personal ein Signal auslöst, wenn sie ihr Zimmer oder den Stationsbereich verlassen.

Die durchschnittliche Wartezeit auf einen Platz in den Demenzstationen beträgt sechs bis zwölf Monate. Die zirka 30 m² großen Ein-Zimmer-Apartments sind alle gleich; sie bestehen aus einem Wohn-/Schlafraum mit einem großen Einbauschrank, einem Bad mit Dusche und WC, Kabelfernsehen, Telefonanschluss und WLAN. Davor sind größere Aufenthaltsräume für die jeweilige Wohngruppe vorhanden.

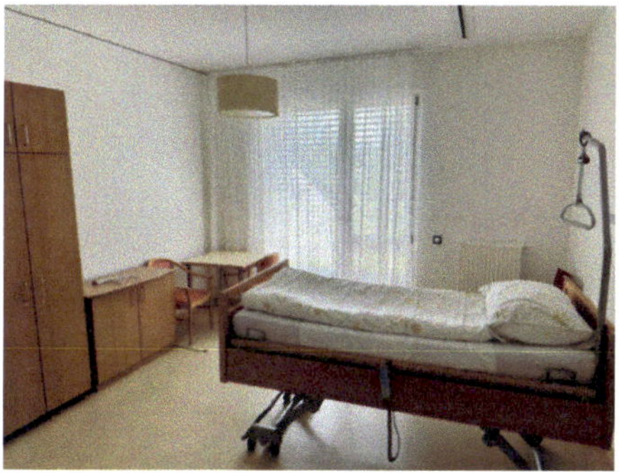

Abb. 26: Haus Döbling: Gemeinschaftsbereich einer Station und Ein-Zimmer-Apartment mit Wohn-/Schlafbereich und Bad, nachstehend der Grundriss eines Apartments

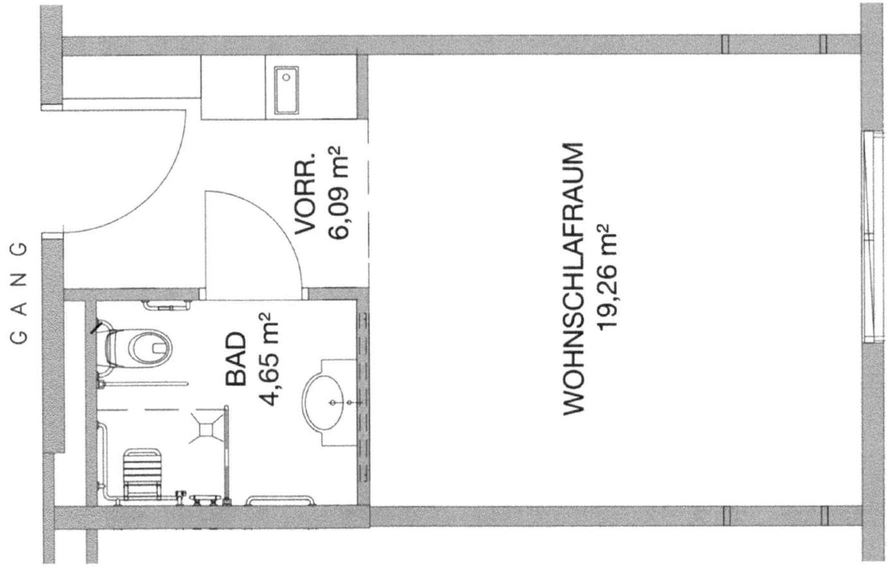

Es gibt keine Klimaanlage im Haus, allerdings eine Wohnraumkühlung, mit der zirka 8 Grad Celsius unter die Außentemperatur erreichbar sind. Anna dürfte ihr Klavier nicht mitbringen, aber es steht eines unten im Eingangsbereich, das Anna benutzen könnte. Hunde dürfen ebenfalls nicht mitgenommen werden. Lorenz könnte Anna aber jederzeit besuchen und mit ihr und dem von ihr geliebten Lagotto Spaziergänge unternehmen. Auch Übernachtungen zwischendurch zu Hause und die bisherigen gemeinsamen Sardinienaufenthalte wären weiterhin möglich. Im Haus Döbling ist Probewohnen nicht erlaubt. Man kann aber kurzfristig wieder ausziehen, wenn es Akzeptanzprobleme gibt.

Der Personalstand erfüllt die Vorgaben des Wiener Wohn- und Pflegeheimgesetzes, die vom jeweiligen Pflegedarf des Heimes ausgehen (siehe hierzu den Personalschlüssel in Abschnitt 2.2.8). Insgesamt sind im Haus zirka 285 Mitarbeiter angestellt, etwa zwei Drittel davon sind Pflegepersonen. Auf jeder Station gibt es entsprechend dem Pflegebedarf einen anderen Personalschlüssel. Die Demenzstation hat den höchsten Personalschlüssel. In der Nacht ist pro Station eine Pflegeperson anwesend, in der Demenzstation ist es pro Wohngruppe eine Pflegeperson. Zusätzlich ist noch eine Fachaufsicht mit der Qualifikation einer Dipl. Gesundheits- und Krankenpflegeperson (DGKP) pro Stockwerk tätig. Pro Station gibt es einen Arzt. Für die Abend-/ Nachtstunden steht der Ärztefunkdienst zur Verfügung. Diverse Fachärzte kommen regelmäßig ins Haus (Psychiater, HNO, Orthopäde, Zahnarzt, ...). Es besteht jedoch freie Arztwahl.

Das Heim ist nicht sehr weit weg von der Hauptgeschäftsstraße in Sievering und von den Grinzinger Heurigen an einer vielbefahrenen großen Straße gelegen. Vom Straßenlärm ist aber im Inneren nichts zu hören. Die im Heimprospekt erwähnten Weinberge befinden sich nicht in Gehdistanz, es gibt auch weit und breit keinen Park.

Pflegeheim CS Pramergasse

Abb. 27: Pflegeheim CS Pramergasse, Pramergasse 7, 1090 Wien

Das zweite, in die engere Wahl gekommene, wesentlich kleinere *Pflegeheim der CS Caritas Socialis* befindet sich im eng verbauten innerstädtischen Bereich *in der Pramergasse 7, 1090 Wien.* Es liegt in einer ruhigen, für den Durchgangsverkehr gesperrten Gasse. Insgesamt wirken die Räumlichkeiten weniger großzügig als im Haus Döbling. Im Internet sind zahlreiche aussagekräf-

tige Fotos über den Eingangsbereich, die 56 Ein- und vier Zweibettzimmer und Gemeinschaftsräume verfügbar. Die Ausstattung ist mit dem Haus Döbling vergleichbar, deshalb werden hier keine Bilder wiedergegeben. Siehe hierzu:
https://www.cs.at/angebote/cs-pflege-und-betreuung/stationaere-pflege

Darüber hinaus werden auf der Website des Heims Folder mit Schlagworten über die Pflege, das Essen und die Alltagsgestaltung, die Hausordnung, die Kosten und Kontaktadressen angeboten. Der Eigenbeitrag zu den Kosten ist in Wien für alle nach den Förderrichtlinien vom FSW anerkannten (derzeit 91) Pflegeheime gleich, egal ob es sich um ein städtisches, privates gemeinnütziges oder erwerbswirtschaftliches Heim handelt. Das hieße im vorliegenden Fall, dass Lorenz (bei Anerkennung der Förderleistung Demenz durch den FSW-Gutachter) für Annas Platz im Heim CS Pramergasse exakt dieselbe Summe bezahlen müsste wie für das Haus Döbling in der Grinzinger Allee.

Die CS Caritas Socialis ist eine 1919 gegründete Schwesterngemeinschaft, die über eine gemeinnützige Stiftung Betreuungs- und Pflegedienste anbietet. In der Pramergasse 7 sind neben dem stationären Pflegeheim auch ein Tageszentrum für Senioren und für Menschen mit Demenz und ein Hospiz untergebracht. Es erfolgt eine „erlebenssorientierte Pflege“ nach dem Mäeutik-Modell von Cora van der Kooij (Universität Amsterdam), stationär durch qualifiziertes Pflegepersonal (Dipl. Gesundheits- und Krankenpflegepersonen, ausgebildete Pflegeassistenten und Pflegefachassistenten und fachlich geschulte

Heimhilfen). Pro Stockwerk kümmern sich tagsüber mindestens zwei Pflegekräfte um 12 – 15 Pflegebedürftige, der Nachtdienst besteht aus drei Personen: eine diplomierte Gesundheits- und Krankenpflegeperson und zwei Pflege(fach)assistenten für 64 Bewohner. Insgesamt sind in der CS Pramergasse zirka 65 Mitarbeiter in der Pflege (exklusive Facility Management, Verwaltung und Tageszentrum) beschäftigt. Rund 60 Ehrenamtliche unterstützen in der Alltagsgestaltung, Schwestern der CS Caritas Socialis begleiten ehrenamtlich und in der Seelsorge. Es gibt keine ständige medizinische Betreuung im Haus. Die ärztliche Versorgung erfolgt wie bisher durch den Hausarzt und selbst gewählte Fachärzte beziehungsweise die Palliativärzte der CS.

Ein mit einer Mitarbeiterin des Bewohnerservice geführtes Gespräch und die Besichtigung des Hauses haben Lorenz einen sehr guten Eindruck vermittelt. Pro Stockwerk gibt es zehn barrierefreie Zimmer mit Bad, Dusche und WC, teils mit Balkon oder Loggia bzw. Terrasse. Punkto Größe, 20 m^2, und Möblierung erinnern die Zimmer an ein Studentenheim. Es sind WLAN, ein Telefon- und ein TV-Anschluss vorhanden, der Fernseher muss mitgebracht werden. Ein eigenes Klavier könnte an sich aufgestellt werden, aber die Zimmer sind dafür zu klein. Ein portables elektronisches Keyboard wäre jedoch möglich. Außerdem gibt es im CS Tageszentrum im 1. Stock ein Klavier, auf dem Anna schon einmal vor drei Jahren gespielt hat. Im Gegensatz zu den Gemeinschaftsräumen und Gängen sind die Zimmer nicht klimatisiert (ausreichende Kühlung ist durch die Klimatisierung der Gänge durch die offene Zimmertüre möglich). Ein Hund ist zu Besuch im Zimmer und in der Cafeteria erlaubt. Im 2. Stock dient ein schöner begrünter, gesicherter Dachgarten zum frische Luft schnappen. Der Liechtensteinpark ist nur fünf Gehminuten entfernt.

Für therapeutische und sonstige Dienstleistungen gibt es eine Zusammenarbeit mit entsprechenden externen Dienstleistern: Musiktherapeuten, Diätassistenten, Ergotherapeuten, Logopäden, Physiotherapeuten, Friseuren, Pediküren, Fußpflegern und Seelsorgern verschiedener Religionsgemeinschaften.

Es wäre gestattet, Anna wie bisher zu sechs- bis achtwöchigen Aufenthalten in Sardinien mitzunehmen. Eine befristete Aufnahme, um zu schauen, wie sich der Bewohner eingewöhnt, ist ebenfalls möglich. Besuche sind jederzeit willkommen.

Im Demenz-Wohnbereich sind 12 Plätze verfügbar (zwei davon in einem Doppelzimmer). Die Wartezeit ist sehr, sehr unterschiedlich und kann bis zu über einem Jahr dauern. Das Haus führt eine Warteliste, bei der man sich selbstständig anmelden kann. Bei der Anmeldung und Antragstellung beim FSW werden Angehörige unterstützt. Wenn ein Platz frei wird hat der Interessent nur einen halben Tag Bedenkzeit, zwei bis drei Tage später muss der Einzug erfolgen. Grund für diesen knappen Zeitplan ist die aus wirtschaftlichen Gründen nötige hohe Kapazitätsauslastung. Bei der Aufnahme gibt es Einschränkungen bei bestimmten medizinischen Indikatoren, wie zum Beispiel bei ständig erforderlicher ärztlicher Aufsicht oder bei Selbst- und Fremdgefährdung, die aber im Fall von Anna nicht relevant sind.

Die Mitarbeiterin des Bewohnerservice hat empfohlen, mit einem Aufnahmeantrag für ihr Heim (und gegebenenfalls andere Heime beim FSW) nicht zuzuwarten. Es käme sehr häufig vor, dass nicht vorhergesehene Notfälle bei den Pflegebedürftigen und/oder ihren Hauptbetreuern zu Hause eintreten. Man hätte dann keine Chance, einen Platz in einem Wunschheim zu bekommen. Außerdem würden sich Pflegebedürftige desto leichter eingewöhnen, je früher sie in das Heim wechseln. Und, last but not least, sollten auch die pflegenden Angehörigen auf ihr Wohlergehen schauen und dürften nicht die abnehmende Belastungsfähigkeit mit zunehmendem Alter unterschätzen.

Resümee

Natürlich ist ein formalisierter, aufwendiger Bewertungsprozess in Form einer *Nutzwertanalyse* zur Auswahl eines Pflegeheims nicht unbedingt notwendig, er hilft jedoch, die Auswahl des Heims transparent und für alle Beteiligten besser verständlich zu machen. Nach Möglichkeit ist vor einer endgültigen Entscheidung für den dauerhaften Heimaufenthalt durch *Probewohnen* zu klären, ob die Erwartungen erfüllt werden.

Was heißt das nun im vorliegenden Fall?

In der nachfolgenden Übersicht sind die Argumente für und gegen die Anmeldung von Anna in einem Pflegeheim zum jetzigen Zeitpunkt nochmals zusammengefasst.

Argumente <u>für</u> die Anmeldung von Anna in einem Pflegeheim	**Argumente <u>gegen</u> die Anmeldung von Anna in einem Pflegeheim**
Fortgeschrittene Alzheimerkrankheit von Anna (Inkontinenz, Kotschmieren, Nachtunruhe, Weglaufen) und die düstere Perspektive des Stadiums 7 nach der Reisberg-Skala	Sehr guter sonstiger Gesundheitszustand von Anna für ihr Alter, sie kommt noch gut in ihrer Wohnung zurecht, findet noch wichtige Dinge
Zwei auf Demenzkranke spezialisierte Heime, die eine gute Versorgung bieten, befinden sich in der Nähe der derzeitigen Wohnung	Die beiden vorhandenen 24-Stunden-Betreuerinnen haben eine hohe fachliche und soziale Kompetenz und versorgen bisher Anna optimal
Rund um die Uhr tätiges, für die professionelle Pflege ausgebildetes Personal, sofortige Hilfe in medizinischen Notfällen	Unschlagbarer Personalschlüssel von 2:1 (eine 24-Stunden-Betreuerin und Lorenz betreuen die pflegebedürftige Anna in Vollzeit)
Soziale Kontakte und Gemeinschaftsveranstaltungen im Haus	Anna mag keine Besuche von/zu unbekannten Menschen und fühlt sich nur bei den Betreuerinnen und Lorenz wohl. Allein mit Lorenz und der Betreuerin sind ein Besuch von Veranstaltungen (Konzerten usw.) und Reisen möglich

Argumente <u>für</u> die Anmeldung von Anna in einem Pflegeheim	Argumente <u>gegen</u> die Anmeldung von Anna in einem Pflegeheim
Angehörige und Freunde können jederzeit zu Besuch kommen	Die seit 60 Jahren vertraute Bezugsperson, der Ehemann, ist stets verfügbar. Lorenz würde Anna sehr fehlen, sie ihm ebenso.
Anna ist weniger stark als früher von ihrer Wohnung abhängig, die Eingewöhnung in eine neue Umgebung fiele ihr jetzt wahrscheinlich leichter als später	Die gewohnte Umgebung stützt Annas Identität. Es ist zu befürchten, dass der Umzug in ein Heim zu einem starken und dauerhaften Einbruch der Fähigkeiten, der Gemütslage und der Gesundheit führen könnte
Sicherstellung einer guten Lebensqualität trotz Einschränkungen bei der Wohnsituation	Sicherstellung einer optimalen Lebensqualität durch eine großzügige Wohnung in Ruhelage, die Nähe zum Türkenschanzpark und die Anpassung an die individuellen Bedürfnisse von Anna (Tagesablauf, Essen, Hobbys usw.)
Klavier spielen und spazieren gehen (zusammen mit Angehörigen) in eingeschränktem Rahmen möglich	Lieblingsbeschäftigungen können exzessiv ausgelebt werden: lange Spaziergänge, Klavier spielen, mit dem Ehemann, der Betreuerin und dem Hund

Argumente <u>für</u> die Anmeldung von Anna in einem Pflegeheim	Argumente <u>gegen</u> die Anmeldung von Anna in einem Pflegeheim
	schmusen; Aktivierung durch Beteiligung an der Hausarbeit
Urlaube für Anna wären möglich, aber schwierig, weil neben Lorenz eine zusätzliche Betreuungsperson mitkommen muss	Mehrmonatige Sardinienaufenthalte am zweiten Wohnsitz, wo sich Anna zuletzt sehr wohl gefühlt hat
Die Wartezeit auf einen Heimplatz, insbesondere in einer Demenz-Station, beträgt 6 – 12 Monate, unter Umständen sogar noch viel länger	Beim Angebot eines Heimplatzes muss sofort über die Annahme entschieden und übersiedelt werden. Bei Ablehnung Reihung ans Ende der Warteschlange. Keine Wartezeit bei der 24-Stunden-Betreuung!
Es ist fraglich, wie lange Lorenz noch die Belastung durch die zunehmend intensivere Betreuung von Anna aushalten kann bzw. ab wann er überfordert sein wird	Die 24-Stunden-Betreuerinnen meinen, dass Lorenz mehr auf seine eigenen Interessen achten sollte. Sie kämen mit der Pflege von Anna auch allein zurecht
Der monatliche Kostenbeitrag für die Pflege im Heim wäre um zirka 20 Prozent geringer als für die häusliche Pflege mit 24-Stunden-Betreuung	Die höheren Kosten sind durch das Leistungsplus bei der 24-Stunden-Betreuung gerechtfertigt. Sie können aus den laufenden Pensionen von Anna und Lorenz getragen werden

Argumente für die Anmeldung von Anna in einem Pflegeheim	Argumente gegen die Anmeldung von Anna in einem Pflegeheim
Das Risiko einer Notfallsituation, bei der Anna nicht in ein Wunschheim käme, steigt mit zunehmendem Alter von Anna und Lorenz	Bei Pflegeheimen besteht ein Insolvenzrisiko. Dort kommen auch immer wieder Fälle von Vernachlässigung und Misshandlung von Pflegebedürftigen vor.

Abb. 28: Argumente für und gegen die Anmeldung von Anna in einem Pflegeheim

Nach reiflicher Überlegung hat sich Lorenz entschlossen, Anna jetzt noch nicht für ein Pflegeheim anzumelden. Er wollte zu dieser Frage jedoch auch die Meinungen der Familienangehörigen, von engen Freunden, dem Hausarzt, dem Facharzt und zwei Bekannten von Alzheimer Austria einholen. Hierzu hat er ihnen diese Fallbeschreibung zugänglich gemacht und sie gefragt, wie sie an seiner Stelle entschieden hätten.

Welche Entscheidung hätten die Angehörigen, die Freunde und die Bekannten getroffen?

Wie die Abb. 29 zeigt, waren die Meinungen geteilt. Bei 29 Rückäußerungen wurde 13-mal, darunter auch vom Hausarzt und vom Facharzt, für die Fortsetzung der 24-Stunden-Betreuung zu Hause plädiert, zehn Antwortende waren für die Anmeldung im Pflegeheim und sechs Mal wurde keine explizite Empfehlung gegeben *(„das kannst nur Du entscheiden“).*

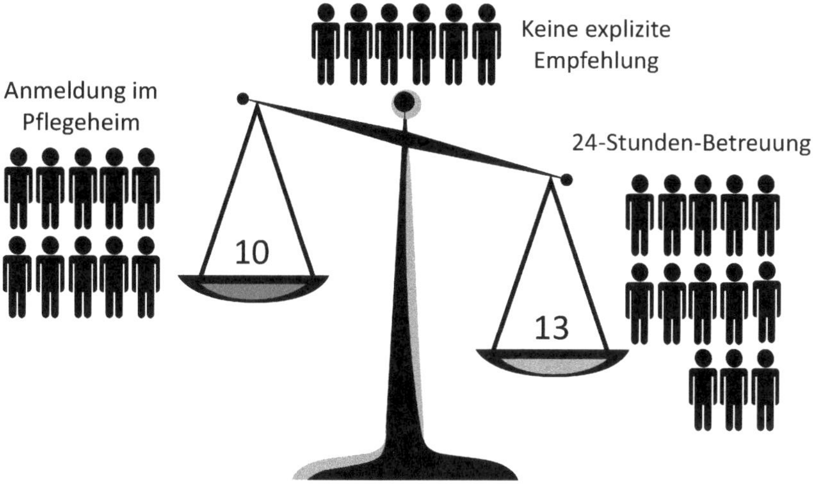

Abb. 29: 24-Stunden-Betreuung von Anna zu Hause oder Anmeldung für ein Pflegeheim – die Meinungen von Angehörigen, Freunden und Bekannten

Fast alle Angesprochenen haben betont, dass Lorenz seine eigene Belastung und sein „Ausfallrisiko“ zu wenig berücksichtigt habe. Für die Pflegeheim-Befürworter sind das die ausschlaggebenden Argumente. Hierzu die Meinung eines zehn Jahre jüngeren Freundes und seiner Frau: *„Jetzt habe ich Deine Frage eine Woche mit mir herumgetragen und sie auch mit I. besprochen. Ich finde es ganz toll, dass Du so viele Überlegungen anstellst, um das zu erfühlen, was für Anna das Beste wäre – und ich glaube es ist auch sehr wichtig, dass Du ein wenig nach-*

fühlst, was für DICH das Beste wäre, denn das ist auch ein legitimer Aspekt.

Sowohl I. als auch ich sind uns eigentlich sicher, dass es der bessere Weg wäre, Anna sehr wohl in einem Pflegeheim anzumelden – wissend, dass Du Dich gerade anders entschieden hast, aber das ist ja eine Entscheidung, die jederzeit revidierbar ist.

Der Grund für unsere Einschätzung ist ein doppelter: Einerseits wäre es gut Vorsorge zu treffen, solltest Du (oder – zum Beispiel aus politischen Gründen auch die 24-Stunden-Hilfen) nicht mehr im Stande sein, Anna geeignet zu betreuen. Das Loch, in das sie fiele, wäre unendlich groß – und ich denke, das ist eigentlich das allerwichtigste Argument. Wir wissen alle nicht, wie es mit unserer Gesundheit weitergeht, und auch Du kannst das für Dich nicht wissen – das kann ein langsamer weiterer Verlust an Kraft sein, das kann aber auch irgendein plötzliches Ereignis sein, dass Dich in den Zustand versetzt, nicht mehr für sie sorgen zu können. Und wenn Anna in diesem Fall nicht einmal angemeldet ist, dann wäre die Situation doppelt katastrophal.

Der zweite Grund ist, dass wir es wirklich als legitim, aber auch als wichtig ansehen, dass Du nach all den Jahren wieder ein wenig mehr auf Dich schaust. Du solltest nicht vergessen, dass Du, wenn Deine eigene Kraft schwächer wird, sie auch nach Aufnahme in ein Heim sehr gut betreuen kannst, dass Du – und auch sie – dann aber den Vorteil hätten, dass Du die

Betreuung eben „dosieren“ kannst – und das ist halt zu Hause nicht möglich.

Ich schreibe das auch vor dem Hintergrund, die ich mit meinem lieben amerikanischen Freund Ben W. gemacht habe. Seine Frau hatte geschätzte 20 Jahre Alzheimer, war auch am Anfang zu Hause und dann wahrscheinlich 10 - 12 Jahre in einem Heim. Und Ben war fast jeden Tag bei ihr und gab ihr Nähe, ohne genau zu wissen, was sie empfinden konnte. (Sie war in den letzten Jahren allerdings in einem viel schlechteren Zustand als das jetzt bei Anna der Fall sein dürfte). Aber er hat dadurch seine Kraft „dosiert“, konnte ein paar Stunden täglich auch sein normales Leben leben und wusste, dass seine Frau gut versorgt ist. Inzwischen ist er 92 Jahre alt und seit drei Jahren Witwer; und jetzt schwinden seine Kräfte ganz aus seinem Körper, aber er hätte es schon vor 10 Jahren nicht mehr geschafft, sie zu Hause zu haben.

Übrigens: Die Tatsache, dass es bis zu eineinhalb Jahren dauern kann, dass Anna wirklich einen Platz bekommt, spricht meines Erachtens nach noch mehr dafür, sie JETZT anzumelden. Denn wenn Du sie erst anmeldest, wenn es zu irgendeiner Eskalation (bei ihr oder bei Dir) kommt, dann wäre die Wartezeit bis zum einem Heimplatz ja überhaupt nicht zu überbrücken.“

Auch fast alle Befürworter der 24-Stunden-Betreuung zu Hause und die Freunde, die keine explizite Empfehlung abgegeben haben, plädieren dafür, dass Lorenz seine Belastung reduzieren sollte. Das haben die beiden 24-Stunden-Betreuerinnen von Anfang an und immer wieder gesagt. Dazu zwei Kommentare:

„Ich finde, Du tust Dir zu viel an. Du hast zwei Betreuerinnen, die sich eigentlich um Anna kümmern können, ohne dass Du dabei sein musst. Dafür werden sie ja bezahlt. Nimm Dir auch mal Zeit für Dich, triff Dich mal allein mit Freunden oder der Familie. Gehe in den Türkenschanzpark und spiele dort mit echten Gegnern Schach. Dann wird es auch nicht mehr so eine Belastung für Dich sein …“

und

„Besorgt hat mich seit einiger Zeit, wie wenig Du Dich um Dich selbst kümmern konntest unter den Bedingungen, Anna ein gutes Leben zu schenken. Mir erscheint es so, als würde man eine Kerze an beiden Seiten anzünden. Sicherlich ist es keine gute Option darauf zu warten, dass Du Dir eingestehen musst, Deinen Liebesdienst körperlich und/oder seelisch nicht länger bewältigen zu können. Vielleicht wäre es ein erster Schritt, um Dir Klarheit zu verschaffen, dass Du Deiner eigenen Welt, Deinen eigenen Wünschen und Bedürfnissen Raum gibst. Was Du dann wahrnimmst, kann eine gute Richtschnur sein für diese gravierende Entscheidung, die Du für Dich und Anna zu treffen hast.“

Das Hauptargument gegen das Pflegeheim ist die Befürchtung, dass dort schwer Demenzkranke in eine geschlossene Abteilung kommen und mit Medikamenten ruhiggestellt werden.

„Wenn Anna ins Heim käme, hätte sie nach kürzester Zeit keine Lebensqualität mehr. Da sie ja hypermobil ist, bliebe dem Heim nichts anderes übrig, als sie entweder einzusperren oder sie unter schwere Medikamente zu setzten, dass sie nur noch dahinvegetiert. Ich denke, dass dann der Verfall rapide fortschreiten würde, weil sie keine Routinen mehr hätte (Spaziergänge, Otto Lagotto, Abwaschen, Bügeln, Klavierspielen, Sudoku usw.) und keine Ansprechpersonen mehr. Wir haben es beim Heim unseres Onkels gesehen: Die Alzheimer-Patienten wurden an einen Tisch gesetzt oder vor den Fernseher (das interessiert Anna ja nicht) und allein gelassen."

und

„Ich habe es bei meinem Papa gesehen … Ist man als an Demenz erkrankter Mensch zu mobil, wird man medikamentös ruhiggestellt. Mein Papa hatte körperlich keinerlei Beschwerden. Er war immer sehr sportlich und ist täglich viel spazieren gegangen. Im Pflegeheim wollte er umherlaufen, was jedoch nicht möglich war. Eine andere Beschäftigung hat ihn nicht interessiert bzw. konnte er nicht mehr nachgehen. Man musste ihn also medikamentös ruhig stellen, was zur Folge hatte, dass er nach kürzester Zeit im Pflegeheim (einige Wochen) nur noch im Bett lag. Es war schrecklich, dies mitanzusehen zu müssen."

Eine gute Anregung von Alzheimer Austria: *„Ich würde mit dem Pflegeheim noch warten; denn der Bewegungs- und der Freiheitsdrang Ihrer Frau sind noch zu groß, als dass sie mit dem Ablauf des Heimalltags kompatibel wären. Könnten Sie folgender Überlegung etwas abgewinnen, wenn Ihre Frau ein* *oder zwei Tage in der Woche in dem Heim Ihrer Wahl die Tagesbetreuung besuchen würde? Sie könnte ihre künstlerischen und handwerklichen Fähigkeiten einbringen, die Menschen kennenlernen, die Atmosphäre, das Haus und eine eventuell notwendige spätere Übersiedlung wäre kein so starker Bruch in ihren Tagesgewohnheiten.“*

Und noch ein Rat, schwierige Grundsatzentscheidungen nicht aufzuschieben: *„Meine Erfahrung dabei ist, dass man in der Regel so lange damit wartet, bis der Veränderungsdruck groß genug ist, dass man die Entscheidung im Einklang von Herz, Bauch und Verstand trifft. Dabei denke ich aber auch an die Metapher des Froschs im Wasserkessel, der nicht merkt, wie er gegart wird und plötzlich ist es zu spät, und er ist zu schwach, um noch rechtzeitig herauszuspringen. Das sollte natürlich nicht passieren. Aber an diesem Beispiel sieht man, welche Rolle das Gefühl und der richtige Zeitpunkt spielen. Eigentlich ist der Rat an den Frosch doch völlig klar, nämlich eher zu früh als zu spät herauszuspringen und es nicht zu bereuen, im Wissen wie es weitergeht.“*

2.5 Checkliste für die Auswahl eines Pflegeheims

Leistungsangebot und Versorgungsqualität

- Träger, Betriebsgröße, Angebotsbreite, -tiefe und -ausrichtung (zum Beispiel Demenz-Station), Leitbild und Pflegekonzeption
- Adäquate pflegerische Leistungen und medizinische Betreuung
- Einrichtungsmerkmale wie Architektur, Klimatisierung, Anzahl und Größe der Zimmer/Apartments (Einbett-, Zweibett- oder Mehrbettzimmer, Balkon, Helligkeit, Ausstattung, Stauraum, Haustiere und eigene Möbel erlaubt, Safe, TV- und Internet-Zugang), Gemeinschaftsräume wie Speisesäle, Bibliothek usw., Schwimmbad, Garten, stationärer Pflegebereich
- Personal: Anzahl, fachliche und soziale Kompetenz der Pflegekräfte in Relation zur Anzahl und Betreuungsnotwendigkeit der Bewohner (Personalschlüssel), feste Ansprechpartner für die Bewohner, Dienstpläne, Teamkonzept, Weiterbildung, Beschäftigungsverhältnisse, Gehälter, Mitarbeiterzufriedenheit, Fluktuation ...
- Bewohner: Anzahl, soziodemografische und psychografische Merkmale, Zustand (Äußeres, Kommunikation, Aktivität), Zufriedenheit, Auswahl der Bewohner von Mehrbettzimmern
- Bewohnerrechte: Heimordnung und Heimvertrag, Anordnungsbefugnisse der Leitung und der Pflegekräfte, Freizügigkeit der Bewohner, Raum für Selbstentfaltung, Respektierung

religiöser und sexueller Bedürfnisse, Regelung von Besuchs-, Kontroll- und Zugangsrechten, Mitsprachemöglichkeiten, Urlaub

- Organisationskultur: Verhaltensweisen und Umgang untereinander, Machtverhältnisse und Führungsstil, Kommunikationsformen, Arbeitsbedingungen, Werte und Normen, Konfliktmanagement, Qualitätssicherung
- Tagesablauf und Möglichkeit zur Mitgestaltung
- Speiseplan: Speisezeiten, Vielfalt und Qualität des Essens, Angebot von Snacks zwischendurch, Diät und enterale Ernährung möglich, Hilfe beim Essen (durch Mitarbeiter, falls nötig), Mahlzeiten auch auf dem Zimmer serviert, Aufbewahrung von Nahrungsmitteln und Alkohol im Zimmer erlaubt
- Ausflüge, Veranstaltungen (Konzerte, Theater, Feiern usw.), Gruppenaktivitäten wie Gedächtnistraining, Gymnastik, Malen, Musizieren ...

Verfügbarkeit und Sicherheit des Heimplatzes

- Neben dauerhafter auch kurzzeitige Aufnahme zur Probe möglich bzw. wenn bei häuslicher Pflege die Hauptpflegeperson durch Urlaub, Kur- oder Krankenhausaufenthalt verhindert ist?
- Werden derzeit neue Bewohner aufgenommen?
- Warteliste (Länge, Kriterien für die Reihung), Wartezeit auf einen Heimplatz

- Reservierung des Zimmers/Apartments mit persönlicher Einrichtung auch bei längerer Abwesenheit
- Pflegeplatz garantiert, wenn sich der Gesundheitszustand verschlechtert
- Sicherheitsmaßnahmen: Zugangskontrolle, Brandschutz, Sicherung von Medikamenten, Schutz vor Kriminalität, Arbeitsschutz, Datenschutz, Umweltschutz, Ortungssysteme für Heimbewohner ...
- Bonität des Eigentümers: Im Insolvenzfall kann der Heimvertrag gekündigt werden und die Betroffenen bzw. die Angehörigen müssen ein neues Heim suchen

Lage (Standort)

- Geringe Entfernung zur bisherigen Wohnung und damit einfache Besuchsmöglichkeiten von Angehörigen, Nachbarn und Freunden
- Standort im Stadtzentrum, an der Peripherie oder im Grünen
- Ruhelage oder Straßenlärm
- Möglichkeit für schöne Spaziergänge bzw. Wanderungen und Parks in der Nähe
- Anbindung von anderen Pflegeeinrichtungen, zum Beispiel Tageszentrum, Klinik, Hospiz
- Infrastruktur in der näheren Umgebung: öffentliche Verkehrsmittel, Parkplätze, Einkaufsmöglichkeiten, Banken, Friseure, Fußpflege, Freizeitangebote ...

Kosten

- Grundbeträge für die Unterbringung und Verpflegung
- Zuschläge für sonstige Dienstleistungen wie Wäscherei, Friseur, Massage, Fußpflege, Begleitung zu Behörden usw.
- Zuschläge für die stationäre Pflege, gestaffelt nach der Pflegebedürftigkeit
- Investitionskosten (Umlage der Ausgaben für die Anschaffung, Herstellung und Instandsetzung von Gebäuden und technischen Anlagen auf die Bewohner)
- Kostentransparenz, insbesondere bezüglich der zusätzlichen Leistungen (Nachvollziehbarkeit der Rechnungstellung)
- Staatliche Zuschüsse (Bund, Länder, Gemeinden bzw. Pflegekassen) zu den Kosten (für welche Leistungen in welcher Höhe)
- Eigenbeitrag

2.6 Literatur über Pflegeheime

50) Altmann, S.: Der letzte Umzug: Der Weg ins Altersheim für Pflegebedürftige und ihre Angehörigen, Disserta Verlag, Hamburg 2014.

51) Alzheimer Schweiz (Hrsg.): Der Heimeintritt, https://www.alzheimer-schweiz.ch/fileadmin/dam/Alzheimer_Schweiz/Dokumente/Publikationen-Produkte/IB_163_D_11_Heimeintritt_web.pdf

52) AOK (Hrsg.): Die AOK-Pflegeheimsuche: Einfach ein Pflegeheim finden, https://www.aok.de/pk/pflegeheim-in-der-naehe/

53) Amnesty International Österreich (Hrsg.): Kampagne 2021/22 „Gemeinsam für faire Arbeitsbedingungen in der 24h-Betreuung", https://www.amnesty.at/mitmachen/kampagnen/gemeinsam-fuer-faire-arbeitsbedingungen-in-der-24h-betreuung/

54) Aulenbacher, B., Lutz, H., Schwiter, K. (Hrsg.): Gute Sorge ohne gute Arbeit? Live-in-Care in Deutschland, Österreich und der Schweiz, Beltz Juventa, Weinheim und Basel 2021. Projektveröffentlichung: https://www.beltz.de/fachmedien/sozialpaedagogik_soziale_arbeit/produkte/details/44322-gute-sorge-ohne-gute-arbeit.html

55) Assisting Hands, Blog von jpanayotov: How to Respond When Elderly Relatives Refuse Home Care, https://assistinghands.com/20/illinois/hinsdale/blog/how-to-respond-when-elderly-relatives-refuse-home-care/

56) Backhouse, T., Dudzinski, E., Killett, A., Mioshi, E.: Strategies and interventions to reduce or manage refusals in

personal care in dementia: A systematic review, in: International Journal of Nursing Studies, Volume 109, Sept. 2020, 103640.

57) BAGSO und BIVA (Hrsg.): Das richtige Pflege- und Seniorenheim. Informationen und Checkliste, 4. Auflage, Bonn 2022, https://www.bagso.de/fileadmin/user_upload/bagso/06_Veroeffentlichungen/2021/BAGSO_Checkliste_Seniorenpflegeheim.pdf

58) Bakerjian, D.: Qualifizierte Pflegeeinrichtungen (Pflegeheime), MSD Manual, Juli 2020, https://www.msdmanuals.com/de/profi/geriatrie/bereitstellung-von-pflege-für-ältere-menschen/qualifizierte-pflegeeinrichtungen

59) Becker-Ebel, J. (Hrsg.): Palliative Care in Pflegeheimen und -diensten: Wissen und Handeln für Pflegende, 6. Auflage, Schlütersche Verlagsgesellschaft, Hannover 2019.

60) Bethkenhagen, D.: Heimsterben. Auf dem Weg zur Pflegelotterie, in: Tagespiegel, 17.03.2023, https://background.tagesspiegel.de/gesundheit/auf-dem-weg-zur-pflegelotterie

61) Bertelsmann Stiftung (Hrsg.): Themenreport "Pflege 2030", Was ist zu erwarten – was ist zu tun?, Gütersloh 2012, https://www.bertelsmann-stiftung.de/fileadmin/files/BSt/Publikationen/GrauePublikationen/GP_Themenreport_Pflege_2030.pdf

62) Bertelsmann Stiftung, Weisse Liste und Deutsches Institut für angewandte Pflegeforschung (Hrsg.): Angehörigenbefragung in der stationären Altenpflege – Gutachten, Fragebogen, Leitfaden, Gütersloh 2019, https://www.bertelsmann-

stiftung.de/fileadmin/files/BSt/Publikationen/Graue-Publikationen/Weisse_Liste_Angehoerigenbefragung_stationaere_Altenpflege_1907.pdf

63) BKK-Dachverband (Hrsg.): BKK Pflegefinder, https://pflegefinder.bkk-dachverband.de

64) Bundesagentur für Arbeit (Hrsg.): Arbeitsmarktsituation im Pflegebereich, Nürnberg Mai 2023, https://statistik.arbeitsagentur.de/DE/Statischer-Content/Statistiken/Themen-im-Fokus/Berufe/Generische-Publikationen/Altenpflege.pdf?__blob=publicationFile

65) Bundesministerium für Soziales, Gesundheit, Pflege und Konsumentenschutz (Hrsg.): Angehörigenpflege in Österreich, Wien 2018. https://broschuerenservice.sozialministerium.at/Home/Download?publicationId=664

66) Bundesministerium für Soziales, Gesundheit, Pflege und Konsumentenschutz (Hrsg.): Studien des BMSGPK zum Pflegesektor in Österreich, Wien 2023, https://www.sozialministerium.at/Themen/Pflege/Pflegepersonal.html

67) Cajetan, M., Danz-Volmer, J., Steffens, S. M.: Lehrbuch Behandlungspflege für Pflegehelfer, 3. Auflage, Urban & Fischer Verlag/Elsevier, München und Jena 2023.

68) Caritas Deutschland (Hrsg.): Auch im Alter ein Zuhause haben, https://www.caritas.de/hilfeundberatung/ratgeber/alter/wohnen/

69) Caritas Deutschland (Hrsg.): Wer bekommt welchen Pflegegrad? https://www.caritas.de/hilfeundberatung/ratgeber/alter/pflege/wer-bekommt-welchen-pflegegrad#:~:text=Pflegegrad%201%3A%20geringe%20Beeinträchtigung%20oder,der%20Selbständigkeit%20oder%20der%20Fähigkeiten

70) Caritas Deutschland (Hrsg.): Welches Pflegeheim passt? Checkliste für Ihre Auswahl, https://www.caritas.de/hilfeundberatung/ratgeber/alter/wohnen/welches-pflegeheim-passt-checkliste-fuer

71) Davis, M., Anderson, S. (2017). Promoting Resident Autonomy in Nursing Homes: A Review of Best Practices. in: Journal of Aging Studies, 35, 1-10.

72) Deutsche Alzheimer Gesellschaft (Hrsg.): Umzug ins Pflegeheim. Entscheidungshilfen für Angehörige von Menschen mit Demenz, 3. Auflage, Berlin 2019.

73) Deutsche Fachkräfteagentur für Gesundheits- und Pflegeberufe (Hrsg.): Leistungen und Mehrwerte, https://www.defa-agentur.de/de/

74) Engler, M.: Schnelle Hilfe im Pflegefall: Lebensnahe Antworten auf akute Fragen rund um den Umgang mit Pflegebedürftigen: Kosten, Organisation, Pflegegrade, 2. Auflage, Stiftung Warentest, Berlin 2021.

75) Evangelische Gesellschaft Stuttgart (Hrsg.): Wann ist der richtige Zeitpunkt für einen demenzkranken Menschen zum Umzug ins Pflegeheim?, Stuttgart 2006, https://www.eva-stuttgart.de/fileadmin/Redaktion/2_unsere_angebote/im_alter/alzheimer_beratung/Umzug_ins_Pflegeheim.pdf

76) Famira-Mühlberger, U., Firgo, M.: Zum künftigen Bedarf an Pflegepersonal in den stationären und mobilen Diensten, WIFO, Wien 2019, https://www.wifo.ac.at/jart/prj3/wifo/resources/person_dokument/person_dokument.jart?publikationsid=61700&mime_type=application/pdf

77) Freie und Hansestadt Hamburg, Behörde für Gesundheit und Verbraucherschutz (Hrsg.): Gesamtauswertung der Angehörigenbefragung in der vollstationären Pflege 2019, Hamburg 2020, https://www.hamburg.de/contentblob/13366346/e0e3cc5911df9ee430c0aee2cbe438ef/data/gesamtauswertung-angehoerigenbefragung.pdf

78) Fonds Soziales Wien (Hrsg.): KundInnenbefragung zur Lebensqualität in Wohn- und Pflegeheimen 2013, https://www.fsw.at/downloads/kundinnenbefragung/befragung2013.pdf

79) Fonds Soziales Wien (Hrsg.): Förderrichtlinie „Berechnung des Kostenbeitrages für Wohnen und Pflege", https://www.fsw.at/downloads/foerderwesen_anerkennung/foerderrichtlinien/ergaenzende/spezifisch-ergaenzend/erg-spez-rl-berechnung-des-kostenbeitrages-fuer-wohnen-und-pflege.1658217983.pdf

80) Gesellschaft zur Förderung der Lebensqualität im Alter und bei Behinderung (Hrsg.): Heimverzeichnis – Heimsuche, https://heimverzeichnis.de/einrichtungen/suche?offset=0&search=&page=1

81) Gesundheit Österreich (Hrsg.): Jahresbericht Gesundheitsberuferegister 2022, Wien 2023, https://goeg.at/JB_Gesundheitsberuferegister

82) GIZ (Hrsg.): Triple Win Programm – nachhaltige Gewinnung von Pflegekräften aus dem Ausland, https://www.giz.de/de/downloads/Factsheet_Triple-Win_2021_de.pdf

83) Hudson, R.: Ageing in a Nursing Home. Foundations for Care, Springer, Berlin/Heidelberg 2022

84) Illinois Department of Public Health (Hrsg.): How to Select a Nursing Home, Springfield, IL o.D., https://dph.illinois.gov/topics-services/health-care-regulation/nursing-homes/selection.html

85) Jacobs, K., Kuhlmey, A., Greß, St., Klauber, J., Schwinger, A.: Pflege-Report 2018 Qualität in der Pflege, Springer, Berlin/Heidelberg 2018.

86) Jacobs, K., Kuhlmey, A., Greß, St., Klauber, J., Schwinger, A.: Pflege-Report 2023 Versorgungsqualität von Langzeitgepflegten, Springer, Berlin/Heidelberg 2023.

87) Johnson, A., Brown, K. (2019). Improving Quality of Life in Nursing Home Residents: Strategies and Interventions. in: Journal of Aging and Health, 27(3), 156-172.

88) Küpper, M.: Entscheidung Pflegeheim: Praktischer Begleiter in einer herausfordernden Lebenssituation, Eigenverlag 2022.

89) Löcherbach, P., Wendt, W. R. (Hrsg.): Care und Case Management. Transprofessionelle Versorgungsstrukturen und Netzwerke, Kohlhammer, Stuttgart 2020.

90) Naumer, B. (Hrsg.), Höpfner, M. (Hrsg.): Praxisleitfaden Generalistische Pflegeausbildung, Urban & Fischer Verlag/Elsevier, München und Jena 2020

91) NQZ (Hrsg.): Suche nach Häusern, die über das Nationale Qualitätszertifikat für Alten- und Pflegeheime in Österreich (NQZ) verfügen, https://www.nqz-austria.at/fuer-bewohnerinnen-und-bewohner/haeuser/

92) Ohlert, E. und Wittig, F.: Albtraum Pflegeheim: Eine Altenpflegerin gibt Einblick in skandalöse Zustände, Riva, München 2019.

93) pflege.de (Hrsg.): Diverse Ratgeber und Services für die Pflege, https://www.pflege.de

94) pflegemarkt.com (Hrsg.): Die 30 größten Pflegeheimbetreiber 2023, https://www.pflegemarkt.com/fachartikel/page/3/; Insolvenzen von Pflegeheimen & Pflegediensten im ersten Quartal 2023, https://www.pflegemarkt.com/2023/04/26/insolvenz-pflegemarkt-erstes-quartal-2023/

95) pflegestudium.de (Hrsg.): Studienführer zum Pflegestudium: Suche nach Studiengängen und Hochschulen, https://www.pflegestudium.de

96) Pflege-durch-Angehoerige.de, Otto Beier GmbH (Hrsg.): Woran erkennt man ein gutes Pflegeheim, https://www.pflege-durch-angehoerige.de/woran-erkennt-man-ein-gutes-pflegeheim/

97) Pflege-durch-Angehoerige.de, Otto Beier GmbH (Hrsg.): Der ultimative Leitfaden: Checkliste für einen reibungslosen Umzug ins Pflegeheim, https://www.pflege-durch-angehoerige.de/checkliste-umzug-pflegeheim/

98) PRO PflegeManagement Verlag (Hrsg.): Gehalt in der Pflege: Studium, Durchschnittsgehälter & Mindestlohn, https://www.ppm-online.org/pflegedienstleitung/pflegepersonal/lohn-im-pflegewesen/#:~:text=Gehalt%20mit%20Pflegestudium,-Pflegehelfer%20können%20im&text=Fachkräfte%20mit%20Bachelorstudium%20erhalten%20bis,bis%205.900%20Euro%20rechnen%20können

99) PRO PflegeManagement Verlag (Hrsg.): Pflegekassen – Träger der Pflegeversicherung, https://www.ppm-online.org/pflegedienstleitung/pflegekassen/

100) Resetarits, P. (Hrsg.), Docecal, U., Zapletal, I., Mende-Danneberg, B.: Der Pflegeratgeber: Pflegeheim – 24-Stunden-Betreuung – Erwachsenenvertretung – Vorsorgevollmacht – Unterstützung für pflegende Angehörige, Linde Verlag, Wien 2023.

101) Rhyner, B.: Eintritt ins Pflegeheim & Heimalltag. Ratgeber für Angehörige, novum Verlag, Neckenmarkt 2022.

102) Schmal, J.: Prüfungswissen Pflegefachfrau Pflegefachmann: für die Generalistische Pflegeausbildung, Urban & Fischer Verlag/Elsevier, München und Jena 2023.

103) Schoch, D (AARP).: Finding a Nursing Home: Don't Wait Until You Need One to Do the Research, August 2022, https://www.aarp.org/caregiving/basics/info-2019/finding-a-nursing-home.html

104) Specht, F.: Mindestlohn für Pflegekräfte soll um bis zu 14 Prozent steigen, in: Handelsblatt, 29.08.2023, https://www.handelsblatt.com/politik/deutschland/pflege-mindestlohn-fuer-pflegekraefte-soll-um-bis-zu-14-prozent-steigen/29359314.html

105) Stangl, S.: Pflegeheime / Altenheime, Hamburg 2023 https://www.pflege.de/altenpflege/pflegeheim-altenheim/

106) Statistik Austria (Hrsg.): Pflegegeld, https://www.statistik.at/statistiken/bevoelkerung-und-soziales/sozialleistungen/bundespflegegeld

107) Statistisches Bundesamt (Hrsg.): Pflegebedürftige nach Versorgungsart, Geschlecht und Pflegegrade 2021, https://www.destatis.de/DE/Themen/Gesellschaft-Umwelt/Gesundheit/Pflege/Tabellen/pflegebeduerftige-pflegestufe.html

108) Stiftung Warentest (Hrsg.): Wohnformen mit Versorgung: Pflege jenseits vom Zuhause, Berlin 2022, https://www.test.de/Umzug-ins-Pflegeheim-So-sind-Ihre-Lieben-gut-versorgt-4932256-0/

109) Techtmann, G.: Die Verweildauern sinken. Statistische Analysen zur zeitlichen Entwicklung der Verweildauer in stationären Pflegeeinrichtungen, https://alters-institut.de/wp-content/uploads/2020/08/Alters-Institut-Die-Verweildauern-sinken-2015.pdf

110) Toebes, T.: Der Einundzwanzigjährige, der freiwillig in ein Pflegeheim zog und von seinen Mitbewohnern mit Demenz lernte, was Menschlichkeit bedeutet, Knaur, München 2023.

111) U.S. Department of Health and Human Services (Hrsg.): Your Guide to Choosing a Nursing Home or Other Long-Term Services & Supports, Baltimore, Maryland 2019, https://www.medicare.gov/care-compare/en/assets/resources/nursing-home/02174-nursing-home-other-long-term-services.pdf

112) Verband der Ersatzkassen e.V. (Hrsg.): vdek-Pflegelotse - das Suchportal für Pflegeangebote, https://www.vdek.com/vertragspartner/Pflegeversicherung/Pflegelotse

113) Weisse Liste (Hrsg.): Checkliste für die Pflegeheimauswahl, Gütersloh, https://www.weisse-liste-pflege.de/static/Checkliste_fuer_die_Pflegeheimauswahl.pdf

114) WU Forschungsinstitut für Altersökonomie (Hrsg.): ASCOT (deutschsprachige Version), https://www.wu.ac.at/altersoekonomie/ascot/

115) Urdze, S. und Drtozdynki, St.: Pflegefall in der Familie für Dummies, Wiley-VCH, Weinheim 2018.

116) Verbraucherzentrale Deutschland (Hrsg.): So finden Sie das passende Pflegeheim, Stand: 2. November 2022, https://www.verbraucherzentrale.de/wissen/gesundheit-pflege/pflege-im-heim/so-finden-sie-das-passende-pflegeheim-12023

117) Verbraucherzentrale NRW (Hrsg.), Frey, C., Meister, C.: Neues Wohnen im Alter: Selbstständig, gemeinsam, mit Service oder Pflege, Düsseldorf 2020.

118) Voigt-Papke, G.: Wohnen im Alter: Ich gehe niemals in ein Altenheim, Eigenverlag, o.O. 2020.

119) Weisse Liste (Hrsg.): Checkliste Pflegeheim: Treffen Sie die richtige Wahl, https://www.weisse-liste-pflege.de/altenheim/checkliste-pflegeheim

120) Westhoff, J., Westhoff, A.: Pflege daheim oder Pflegeheim? Was Sie bei Pflegebedürftigkeit von Angehörigen tun können und wo Sie Unterstützung bekommen, 2. Auflage, Linde-Verlag, Wien 2013.

121) Winkler, R.: Lebensqualität pflegebedürftiger älterer Menschen. Eine Längsschnittstudie unter Berücksichtigung des Pflegeheimeinzugs, Springer VS, Wiesbaden 2020.

122) Wüest Partner (Hrsg.): Pflegeheim-Atlas Deutschland, 4. Aufl., 2021, https://www.wuestpartner.com/de-de/produkt/pflegeheim-atlas-deutschland-2021/#:~:text=In%20der%20vierten%20Auflage%202021,um%20die%20aktuelle%20ambulante%20Versorgung.

Das Buch zeigt

- wie von der Alzheimerkrankheit Betroffene denken, fühlen, handeln,
- wie durch ein auf die individuelle Bedingungslage ausgerichtetes, dialogorientiertes Pflegekonzept der Krankheitsverlauf verlangsamt und die Lebensqualität aufrechterhalten werden können,
- welche Anforderungen pflegende Angehörige bzw. häusliche Pflegekräfte von Alzheimerkranken erfüllen sollten,
- welche Therapieformen es gibt und inwieweit diese wissenschaftlich fundiert sind,
- welche ethischen Grundsätze für die Pflege gelten und welche Dilemmata damit verbunden sind,
- welche Unterstützungsmöglichkeiten für Alzheimerkranke und ihre Angehörigen angeboten werden, was diese bringen und was sie kosten,
- wie pflegende Angehörige durch die intensive Beziehung zur gepflegten Person und das Gefühl, gebraucht zu werden, belohnt werden.

Die erste 2021 erschienene Auflage ist von der Kritik und dem Markt so gut aufgenommen worden, dass schon ein Jahr nach dem Erscheinungstermin eine **zweite, aktualisierte und erweiterte Auflage** erscheinen konnte. Für diese wurden die Berichte über den Zustand und das Verhalten von Anna im siebten und achten Jahr nach der Alzheimerdiagnose fortgeschrieben und es wurden zwei Kapitel über die 24-Stunden-Betreuung und die Digitalisierung der häuslichen Pflege von Alzheimerkranken hinzugefügt.

Expertenmeinung

„Gesundheits- und Sozialpolitik sieht zwangsläufig Menschen, die an Demenz erkrankt sind, als „Fälle“. In gewisser Weise stehen Zahlen im Vordergrund. In diesem Buch aber sieht man, wie das Leben mit Demenz wirklich aussieht, aus der Sicht des Betreuenden, indirekt aber auch aus der Sicht der Kranken. Ein ganz wichtiges und lesenswertes Buch.“ *em. o. Univ.Prof. Dr. Christoph Badelt, Institut für Sozialpolitik der Wirtschaftsuniversität Wien*